# A ideia de cultura

FUNDAÇÃO EDITORA DA UNESP

*Presidente do Conselho Curador*
Mário Sérgio Vasconcelos

*Diretor-Presidente*
Jézio Hernani Bomfim Gutierre

*Superintendente Administrativo e Financeiro*
William de Souza Agostinho

*Conselho Editorial Acadêmico*
Danilo Rothberg
Luis Fernando Ayerbe
Marcelo Takeshi Yamashita
Maria Cristina Pereira Lima
Milton Terumitsu Sogabe
Newton La Scala Júnior
Pedro Angelo Pagni
Renata Junqueira de Souza
Sandra Aparecida Ferreira
Valéria dos Santos Guimarães

*Editores-Adjuntos*
Anderson Nobara
Leandro Rodrigues

**Terry Eagleton**

# A ideia de cultura

2ª edição

Tradução
Sandra Castello Branco

Revisão técnica
Cezar Mortari

© 2000 Terry Eagleton

Esta edição foi publicada por um acordo com a Blackwell Publishing Ltd., Oxford, e traduzida pela Fundação Editora Unesp do original em inglês. A responsabilidade pela tradução é da Fundação Editora Unesp e não da Blackwell Publishing Ltd.

Título original em inglês: *The Idea of Culture*

© 2003 da tradução brasileira:

Fundação Editora da UNESP (FEU)
Praça da Sé, 108
01001-900 – São Paulo – SP
Tel.: (0xx11) 3242-7171
Fax: (0xx11) 3242-7172
www.editoraunesp.com.br
www.livrariaunesp.com.br
atendimento.editora@unesp.br

CIP – Brasil. Catalogação na fonte
Sindicato Nacional dos Editores de Livros, RJ

E11i
2.ed.

Eagleton, Terry, 1943-
   A ideia de cultura / Terry Eagleton; tradução Sandra Castello Branco; revisão técnica Cezar Mortari. – 2.ed. – São Paulo: Editora Unesp, 2011.
   208 p.; 21 cm

   Tradução de: The idea of culture
   Inclui índice
   ISBN 978-85-393-0147-8

   1. Cultura. 2. Posmodernismo. 3. Civilização. 4. Natureza. I. Título.

11-3482.
CDD: 306
CDU: 316.7

Editora afiliada:

Para Edward Saïd.

# Sumário

1  Versões de cultura   9

2  Cultura em crise   51

3  Guerras culturais   79

4  Cultura e natureza   127

5  Rumo a uma cultura comum   159

Índice remissivo   185

# 1
## Versões de cultura

"Cultura" é considerada uma das duas ou três palavras mais complexas de nossa língua, e ao termo que é por vezes considerado seu oposto – "natureza" – é comumente conferida a honra de ser o mais complexo de todos. No entanto, embora esteja atualmente em moda considerar a natureza como um derivado da cultura, o conceito de cultura, etimologicamente falando, é um conceito derivado do de natureza. Um de seus significados originais é "lavoura" ou "cultivo agrícola", o cultivo do que cresce naturalmente. O mesmo é verdadeiro, no caso do inglês, a respeito das palavras para lei e justiça, assim como de termos como "capital", "estoque", "pecuniário" e "esterlino". A palavra inglesa *coulter*, que é um cognato de cultura, significa "relha de arado".* Nossa palavra para a mais nobre das atividades humanas, assim, é derivada de trabalho e agricultura, colheita e cul-

---

\* Tendo origem na palavra latina *culter*, que, entre outras coisas, designa a relha de um arado. (N. R.)

tivo. Francis Bacon escreve sobre "o cultivo e adubação de mentes", numa hesitação sugestiva entre estrume e distinção mental. "Cultura", aqui, significa uma atividade, e passou-se muito tempo até que a palavra viesse a denotar uma entidade. Mesmo então, provavelmente não foi senão com Matthew Arnold que a palavra desligou-se de adjetivos como "moral" e "intelectual" e tornou-se apenas "cultura", uma abstração em si mesma.

Etimologicamente falando, então, a expressão atualmente popular "materialismo cultural" é quase tautológica. "Cultura" denotava de início um processo completamente material, que foi depois metaforicamente transferido para questões do espírito. A palavra, assim, mapeia em seu desdobramento semântico a mudança histórica da própria humanidade da existência rural para a urbana, da criação de porcos a Picasso, do lavrar o solo à divisão do átomo. No linguajar marxista, ela reúne em uma única noção tanto a base como a superestrutura. Talvez por detrás do prazer que se espera que tenhamos diante de pessoas "cultas" se esconda uma memória coletiva de seca e fome. Mas essa mudança semântica é também paradoxal: são os habitantes urbanos que são "cultos", e aqueles que realmente vivem lavrando o solo não o são. Aqueles que cultivam a terra são menos capazes de cultivar a si mesmos. A agricultura não deixa lazer algum para a cultura.

A raiz latina da palavra "cultura" é *colere*, o que pode significar qualquer coisa, desde cultivar e habitar a adorar e proteger. Seu significado de "habitar" evoluiu do latim *colonus* para o contemporâneo "colonialismo", de modo que títulos como *Cultura e colonialismo* são, de novo, um tanto tautológicos. Mas *colere* também desemboca, via o latim *cultus*, no termo religioso "culto", assim como a própria ideia de cultura vem na Idade Moderna a colocar-se no lugar de um sentido desvanecente de divindade e transcendência. Verdades culturais – trate-se da arte elevada ou das tradições de um povo – são algumas vezes verdades sagradas, a serem protegidas e reverenciadas. A cultura, então, herda o

A ideia de cultura

manto imponente da autoridade religiosa, mas também tem afinidades desconfortáveis com ocupação e invasão; e é entre esses dois polos, positivo e negativo, que o conceito, nos dias de hoje, está localizado. Cultura é uma dessas raras ideias que têm sido tão essenciais para a esquerda política quanto são vitais para a direita, o que torna sua história social excepcionalmente confusa e ambivalente.

Se a palavra "cultura" guarda em si os resquícios de uma transição histórica de grande importância, ela também codifica várias questões filosóficas fundamentais. Neste único termo, entram indistintamente em foco questões de liberdade e determinismo, o fazer e o sofrer, mudança e identidade, o dado e o criado. Se cultura significa cultivo, um cuidar, que é ativo, daquilo que cresce naturalmente, o termo sugere uma dialética entre o artificial e o natural, entre o que fazemos ao mundo e o que o mundo nos faz. É uma noção "realista", no sentido epistemológico, já que implica a existência de uma natureza ou matéria-prima além de nós; mas tem também uma dimensão "construtivista", já que essa matéria-prima precisa ser elaborada numa forma humanamente significativa. Assim, trata-se menos de uma questão de desconstruir a oposição entre cultura e natureza do que de reconhecer que o termo "cultura" já é uma tal desconstrução.

Numa outra virada dialética, os meios culturais que usamos para transformar a natureza são eles próprios derivados dela. Isso é expresso bem mais poeticamente por Políxenes em *Um conto de inverno*, de Shakespeare.

> Todavia não é a natureza aprimorada por meio algum
> Senão por um meio por ela própria feito; assim, além
> Da arte que, dizes, contribui à natureza, está uma arte
> Que a natureza faz ... Essa é uma arte que,
> De fato, melhora a natureza – melhor, transforma-a,
> Mas essa arte é ela mesma natureza.
>
> (Ato IV, Cena IV)

A natureza produz cultura que transforma a natureza; esse é um motivo familiar nas assim chamadas Comédias Finais de Shakespeare, nas quais a cultura é vista como o meio da autorrenovação constante da natureza. Se Ariel em *A tempestade* é todo um agir etéreo e Calibã todo uma inércia terrena, uma interação mais dialética entre cultura e natureza pode ser encontrada na descrição que Francisco faz de Ferdinando, salvando-se a nado do navio naufragado.

> Senhor, ele talvez esteja vivo;
> Vi-o por cima das ondas, a golpeá-las,
> E a cavalgar-lhes o dorso; trilhou as águas,
> Cuja animosidade arremessou ao longe, opondo o peito
> À mais volumosa vaga que o enfrentou; sua fronte ousada
> Acima das belicosas ondas ele mantinha, remando
> A si mesmo, com seus braços fortes, em braçadas vigorosas
> Até a praia...
>
> (Ato II, Cena I)

Nadar é uma imagem apropriada dessa interação, uma vez que o nadador cria ativamente a corrente que o sustenta, manejando as ondas de modo que elas possam responder mantendo-o à tona. Assim, Ferdinando "golpeia as ondas" para "cavalgar-lhes o dorso", trilha as águas, arremessa, opõe o peito e rema-se num oceano que não é de modo algum só um material dócil, mas "belicoso", antagônico, recalcitrante à moldagem humana. Porém, é exatamente essa resistência que lhe permite atuar sobre ele. A natureza mesma produz os meios de sua própria transcendência, mais ou menos como o "suplemento" de Derrida já está contido em qualquer coisa que complemente. Como veremos depois, existe algo estranhamente necessário acerca da superabundância gratuita que denominamos cultura. Se a natureza é sempre de alguma forma cultural, então as culturas são construídas com base no incessante tráfego com a natureza que chamamos de trabalho. As cidades são construídas tomando-se por base areia, madeira, ferro, pedra, água e assim por diante, e são assim tão naturais quanto os idílios rurais são culturais. O geógrafo David Harvey argumenta que não há nada de "antinatural" a respeito da cidade de Nova Iorque, e duvida que povos tribais possam ser considerados "mais próximos da natureza" do que o Ocidente.[1] A palavra "manufatura" originalmente significava habilidade manual, o fazer com as mãos, e é assim "orgânica", mas veio com o passar do tempo a denotar produção mecânica em massa, ganhando assim [em inglês] uma nuança pejorativa de artifício, como em "fabricar (*manufacture*) divisões em que não há nenhuma".

Se cultura originalmente significa lavoura, cultivo agrícola, ela sugere tanto regulação como crescimento espontâneo. O cultural é o que podemos mudar, mas o material a ser alterado tem sua própria existência autônoma, a qual então lhe empresta algo da recalcitrância da natureza. Mas cultura também é uma questão de seguir regras, e isso também envolve uma interação entre o regulado e o não regulado. Seguir uma regra não é similar a obedecer a uma lei física, já que implica uma aplicação criativa da regra em questão. 2–4–6–8–10–30 bem pode representar uma sequência baseada em uma regra, embora não a regra que mais se esperaria. E não pode haver regras para aplicar regras, sob pena de um regresso infinito. Sem esse caráter ilimitado e aberto, as regras não seriam regras, assim como as palavras não seriam palavras; mas isso não significa que qualquer que seja a ação possa contar como o seguimento de uma regra. O seguimento de regras não é uma questão nem de anarquia nem de autocracia. Regras, como culturas, não são nem puramente aleatórias nem rigidamente determinadas – o que quer dizer que ambas envolvem a ideia de liberdade. Alguém que estivesse inteiramente eximido de convenções culturais não seria mais livre do que alguém que fosse escravo delas.

---

1 HARVEY, D. *Justice, Nature and the Geography of Difference*. Oxford: 1996. p.186-8.

A ideia de cultura, então, significa uma dupla recusa: do determinismo orgânico, por um lado, e da autonomia do espírito, por outro. É uma rejeição tanto do naturalismo como do idealismo, insistindo, contra o primeiro, que existe algo na natureza que a excede e a anula, e, contra o idealismo, que mesmo o mais nobre agir humano tem suas raízes humildes em nossa biologia e no ambiente natural. O fato de que a cultura (que, nesse aspecto, é como a natureza) possa ser um termo ao mesmo tempo descritivo e avaliativo, designando o que realmente evoluiu bem como aquilo que deveria evoluir, é relevante para essa recusa tanto do naturalismo como do idealismo. Se o conceito se opõe tenazmente ao determinismo, é igualmente cauteloso com relação ao voluntarismo. Os seres humanos não são meros produtos de seus ambientes, mas tampouco são esses ambientes pura argila para a automoldagem arbitrária daqueles. Se a cultura transfigura a natureza, esse é um projeto para o qual a natureza coloca limites rigorosos. A própria palavra "cultura" compreende uma tensão entre fazer e ser feito, racionalidade e espontaneidade, que censura o intelecto desencarnado do iluminismo tanto quanto desafia o reducionismo cultural de grande parte do pensamento contemporâneo. Ela até alude ao contraste político entre evolução e revolução – a primeira, "orgânica" e "espontânea", a última, artificial e forçada – e também sugere como se poderia ir além dessa antítese batida. A palavra combina de maneira estranha crescimento e cálculo, liberdade e necessidade, a ideia de um projeto consciente mas também de um excedente não planejável. E se isso é verdadeiro quanto à palavra, também o é quanto a algumas das atividades que denota. Quando Friedrich Nietzsche buscava uma prática que pudesse desfazer a oposição entre liberdade e determinismo, voltou-se justamente para a experiência de fazer arte, a qual, para o artista, dá a sensação de ser não apenas livre *e* necessária, criativa *e* restringida, mas cada uma dessas coisas em termos da outra, e parece, assim, comprimir essas polaridades um tanto envelhecidas e empobrecidas a ponto da indistinguibilidade.

Há outro sentido em que a palavra "cultura" está voltada para duas direções opostas, pois ela pode também sugerir uma divisão dentro de nós mesmos, entre aquela parte de nós que se cultiva e refina, e aquilo dentro de nós, seja lá o que for, que constitui a matéria-prima para esse refinamento. Uma vez que a cultura seja entendida como *auto*cultura, ela postula uma dualidade entre faculdades superiores e inferiores, vontade e desejo, razão e paixão, dualidade que ela, então, propõe-se imediatamente a superar. A natureza agora não é apenas a matéria constitutiva do mundo, mas a perigosamente apetitiva matéria constitutiva do eu. Como cultura, a palavra "natureza" significa tanto o que está a nossa volta como o que está dentro de nós, e os impulsos destrutivos internos podem facilmente ser equiparados às forças anárquicas externas. A cultura, assim, é uma questão de autossuperação tanto quanto de autorrealização. Se ela celebra o eu, ao mesmo tempo também o disciplina, estética e asceticamente. A natureza humana não é exatamente o mesmo que uma plantação de beterrabas, mas, como uma plantação, precisa ser cultivada – de modo que, assim como a palavra "cultura" nos transfere do natural para o espiritual, também sugere uma afinidade entre eles. Se somos seres culturais, também somos parte da natureza que trabalhamos. Com efeito, faz parte do que caracteriza a palavra "natureza" o lembrar-nos da continuidade entre nós mesmos e nosso ambiente, assim como a palavra "cultura" serve para realçar a diferença.

Nesse processo de automoldagem, unem-se mais uma vez ação e passividade, o ardorosamente desejado e o puramente dado – desta vez nos mesmos indivíduos. Nós nos assemelhamos à natureza, visto que, como ela, temos de ser moldados à força, mas diferimos dela uma vez que podemos fazer isso a nós mesmos, introduzindo assim no mundo um grau de autorreflexividade a que o resto da natureza não pode aspirar. Como autocultivadores, somos argila em nossas próprias mãos, ao mesmo tempo redentores e impenitentes, padre e pecador em um e mesmo corpo. Deixada à própria conta, nossa natureza perversa não vai se elevar espontaneamente à graça da cultura; mas essa graça tampouco pode ser rudemente forçada sobre ela. Ao contrário, precisa cooperar com as tendências inatas da própria natureza, a fim de induzi-la a transcender a si mesma. Como a graça, a cultura já deve representar um potencial dentro da natureza humana, se for para que vingue. Mas a própria necessidade de cultura sugere que há algo faltando na natureza – que a nossa capacidade de ascender a alturas além daquelas de nossos pares na natureza, os outros animais, é necessária porque nossa condição natural é também bastante mais "inatural" do que a deles. Se existe uma história e uma política ocultas na palavra "cultura", há também uma teologia.

Cultivo, entretanto, pode não ser apenas algo que fazemos a nós mesmos. Também pode ser algo feito a nós, em especial pelo Estado. Para que o Estado floresça, precisa incutir em seus cidadãos os tipos adequados de disposição espiritual; e é isso o que a ideia de cultura ou *Bildung* significa numa venerável tradição de Schiller a Matthew Arnold.[2] Numa sociedade civil, os indivíduos vivem num estado de antagonismo crônico, impelidos por interesses opostos; mas o Estado é aquele âmbito transcendente no qual essas divisões podem ser harmoniosamente reconciliadas. Para que isso aconteça, contudo, o Estado já tem que ter estado em atividade na sociedade civil, aplacando seus rancores e refinando suas sensibilidades, e esse processo é o que conhecemos como cultura. A cultura é uma espécie de pedagogia ética que nos torna aptos para a cidadania política ao

---

2 Um valioso tratamento dessa tradição pode ser encontrado em LLOYD, D. & THOMAS, P. *Culture and the State*. Nova Iorque e Londres: 1998. Ver também HUNTER, I. *Culture and Government*. Londres: 1988, especialmente cap.3.

A ideia de cultura

liberar o eu ideal ou coletivo escondido dentro de cada um de nós, um eu que encontra sua representação suprema no âmbito universal do Estado. Coleridge escreve, consequentemente, sobre a necessidade de basear a civilização no cultivo, "no desenvolvimento harmonioso daquelas qualidades e faculdades que caracterizam nossa *humanidade*. Temos que ser homens para sermos cidadãos".[3] O Estado encarna a cultura, a qual, por sua vez, corporifica nossa humanidade comum.

Elevar a cultura acima da política – ser homens primeiro e cidadãos depois – significa que a política deve se mover para dentro de uma dimensão ética mais profunda, valendo-se dos recursos da *Bildung* e transformando indivíduos em cidadãos apropriadamente responsáveis e de boa índole. Essa é, embora em um nível um pouco mais alto, a retórica das aulas de Educação Cívica. No entanto, uma vez que "humanidade", aqui, significa uma comunidade livre de conflitos, o que está em jogo não é apenas a prioridade da cultura sobre a política, mas sobre um tipo particular de política. A cultura, ou o Estado, são uma espécie de utopia prematura, abolindo a luta em um nível imaginário a fim de não precisar resolvê-la em um nível político. Nada poderia ser menos politicamente inocente do que um denegrecimento da política em nome do humano. Aqueles que proclamam a necessidade de um período de incubação ética para preparar homens e mulheres para a cidadania política são também aqueles que negam a povos colonizados o direito de autogovernar-se até que estejam "civilizados" o suficiente para exercê-lo responsavelmente. Eles desprezam o fato de que, de longe, a melhor preparação para a independência política é a independência política. Ironicamente, então, um argumento que procede da humanidade para a cultura e daí para a política trai, pelo seu próprio viés político, o fato de que o real movimento é

---

3 COLERIDGE, S. T. *On the Constitution of Church and State*, 1830 (reimpr. Princeton, 1976). p.42-3.

no sentido contrário – são os interesses políticos que, geralmente, governam os culturais, e ao fazer isso definem uma versão particular de humanidade.

O que a cultura faz, então, é destilar nossa humanidade comum a partir de nossos eus políticos sectários, resgatando dos sentidos o espírito, arrebatando do temporal o imutável, e arrancando da diversidade a unidade. Ela designa uma espécie de autodivisão assim como uma autocura pela qual nossos eus rebeldes e terrestres não são abolidos, mas refinados valendo-se de dentro por uma espécie mais ideal de humanidade. A brecha entre Estado e sociedade civil – entre como o cidadão burguês gostaria de representar a si mesmo e como ele realmente é representado – é preservada, mas também erodida. A cultura é uma forma de sujeito universal agindo dentro de cada um de nós, exatamente como o Estado é a presença do universal dentro do âmbito particularista da sociedade civil. Como Friedrich Schiller coloca nas suas *Cartas sobre a educação estética do homem* (1795):

> Todo ser humano individual, pode-se dizer, carrega dentro de si, potencial e prescritivamente, um indivíduo ideal, o arquétipo de um ser humano, e é a tarefa de sua vida estar em harmonia com a unidade imutável desse ideal por meio de todas as suas manifestações cambiantes. Esse arquétipo, que pode ser discernido mais ou menos claramente em todo indivíduo, é representado pelo Estado, a forma objetiva e, por assim dizer, canônica na qual toda a diversidade dos sujeitos individuais se esforça para se unir.[4]

Nessa tradição de pensamento, então, a cultura não está nem dissociada da sociedade nem completamente de acordo com ela. Se em um nível constitui-se uma crítica da vida social, é

---

4 SCHILLER, F. *On the Aesthetic Education of Man:* In a Series of Letters. Oxford: 1967. p.17.

A ideia de cultura

cúmplice dela em um outro. A cultura ainda não se opôs inteiramente ao real, como o fará à medida que uma tradição inglesa de "Cultura e Sociedade" for gradualmente se desenvolvendo. Com efeito, para Schiller, a cultura é justamente o mecanismo daquilo que mais tarde será chamado "hegemonia", moldando os sujeitos humanos às necessidades de um novo tipo de sociedade politicamente organizada, remodelando-os com base nos agentes dóceis, moderados, de elevados princípios, pacíficos, conciliadores e desinteressados dessa ordem política. Para realizar isso, contudo, a cultura deve também agir como uma espécie de crítica ou desconstrução imanente, ocupando uma sociedade irregenerada a partir de dentro para derrubar sua resistência às ações do espírito. Mais tarde, na Idade Moderna, a cultura se tornará ou sabedoria olímpica ou arma ideológica, uma forma isolada de crítica social ou um processo profundamente comprometido com o *status quo*. Aqui, num momento anterior e mais animado dessa história, ainda é possível ver a cultura como, ao mesmo tempo, uma crítica ideal e uma força social real.

Raymond Williams investigou parte da complexa história da palavra "cultura", distinguindo três sentidos modernos principais da palavra.[5] Com base em suas raízes etimológicas no trabalho rural, a palavra primeiro significa algo como "civilidade"; depois, no século XVIII, torna-se mais ou menos sinônima de "civilização", no sentido de um processo geral de progresso intelectual, espiritual e material. Na qualidade de ideia, civilização equipara significativamente costumes e moral: ser civilizado inclui não cuspir no tapete assim como não decapitar seus prisioneiros de guerra. A própria palavra implica uma correlação dúbia entre conduta polida e comportamento ético, que na Inglaterra

---

5 Ver WILLIAMS, R. *Keywords*. Londres: 1976. p.76-82. É interessante notar que Williams já havia completado grande parte do trabalho no verbete sobre cultura nesse volume pela época do ensaio de 1953 a que se faz referência na nota 7 a seguir.

também pode ser encontrada na palavra *gentleman*. Como sinônimo de "civilização", "cultura" pertencia ao espírito geral do iluminismo, com o seu culto do autodesenvolvimento secular e progressivo. Civilização era em grande parte uma noção francesa – então, como agora, supunha-se que os franceses tivessem o monopólio de ser civilizados – e nomeava tanto o processo gradual de refinamento social como o *télos* utópico rumo ao qual se estava desenvolvendo. Todavia, ao passo que a "civilização" francesa incluía tipicamente a vida política, econômica e técnica, a "cultura" germânica tinha uma referência mais estreitamente religiosa, artística e intelectual. Podia também significar o refinamento intelectual de um grupo ou indivíduo, em vez da sociedade em sua totalidade. A "civilização" minimizava as diferenças nacionais, ao passo que a "cultura" as realçava. A tensão entre "cultura" e "civilização" teve relação muito forte com a rivalidade entre Alemanha e França.[6]

Três coisas sucedem então a essa noção por volta da virada do século XIX. Em primeiro lugar, ela começa a deixar de ser um sinônimo de "civilização" para vir a ser seu antônimo. Essa é uma mudança semântica bastante rara e que captura uma guinada histórica de grande importância. Como "cultura", a palavra "civilização" é em parte descritiva e em parte normativa: ela pode tanto designar neutramente uma forma de vida ("civilização inca") como recomendar implicitamente uma forma de vida por sua humanidade, esclarecimento e refinamento. O adjetivo "civilizado" faz isso hoje em dia da maneira mais óbvia. Se civilização significa as artes, a vida urbana, política cívica, tecnologias complexas etc., e se isso é considerado um avanço em relação ao que havia antes, então "civilização" é inseparavelmente descritiva e normativa. Significa a vida como a conhecemos, mas também sugere que ela é superior ao barbarismo. E se civilização não é apenas um estágio

---

6 Ver ELIAS, N. *The Civilising Process*. 1939 (reimpr. Oxford: 1994). cap.1.

A ideia de cultura

de desenvolvimento em si, mas um estágio que está constantemente evoluindo dentro de si mesmo, então a palavra mais uma vez unifica fato e valor. Qualquer estado de coisas existente implica um juízo de valor, já que deve ser logicamente uma melhora em relação ao que havia antes. Aquilo que é não apenas é correto, mas muito melhor do que aquilo que era.

O problema começa quando os aspectos descritivo e normativo da palavra "civilização" começam a se separar. O termo realmente pertence ao léxico de uma classe média europeia pré-industrial, recendendo a boas maneiras, refinamento, *politesse*, uma desenvoltura elegante nos relacionamentos. É, assim, tanto pessoal como social: a cultura é uma questão do desenvolvimento total e harmonioso da personalidade, mas ninguém pode realizar isso estando isolado. Com efeito, é o despontar do reconhecimento de que isso não é possível que ajuda a deslocar cultura de seu significado individual para o social. A cultura exige certas condições sociais, e já que essas condições podem envolver o Estado, pode ser que ela também tenha uma dimensão política. A cultura vai de mãos dadas com o intercurso social, já que é esse intercurso que desfaz a rusticidade rural e traz os indivíduos para relacionamentos complexos, polindo assim suas arestas rudes. Mas os herdeiros capitalista-industriais dessa era otimista teriam bem mais dificuldades em persuadir a si mesmos de que a civilização como fato estava em harmonia com a civilização como valor. É um fato do início da civilização capitalista-industrial que os jovens limpadores de chaminé tinham propensão a desenvolver câncer de testículos, mas é difícil ver isso como uma realização cultural no mesmo nível do ciclo de romances *Waverley** ou da catedral de Rheims.

---

\* *Waverley*: ciclo de romances históricos escritos por Sir Walter Scott (1771-1832), ambientados na Escócia. O primeiro desses romances, *Waverley*, publicado em 1814, deu nome ao ciclo, que inclui outras obras como *Rob Roy*, *The Heart of Midlothian* e *A Legend of Montrose*. (N. R.)

Por volta do final do século XIX, "civilização", por sua vez, tinha também adquirido uma conotação inevitavelmente imperialista, suficiente para desacreditá-la aos olhos de alguns liberais. Consequentemente, era necessária outra palavra para denotar como a vida social deveria ser em vez de como era, e os alemães tomaram emprestado o termo francês *culture* para esse propósito. *Kultur* ou "cultura" tornou-se assim o nome da crítica romântica pré-marxista ao capitalismo industrial primitivo. Enquanto "civilização" é um termo de caráter sociável, uma questão de espírito cordial e maneiras agradáveis, cultura é algo inteiramente mais solene, espiritual, crítico e de altos princípios, em vez do estar alegremente à vontade com o mundo. Se a primeira é prototipicamente francesa, a segunda é estereotipadamente germânica.

Quanto mais predatória e envilecida parece ser a civilização real, mais a ideia de cultura é forçada a uma atitude crítica. A *Kulturkritik* está em guerra com a civilização, em vez de estar em harmonia com ela. Se a cultura certa vez foi vista como aliada do intercurso social, os dois agora estão cada vez mais em desacordo. Como observa Raymond Williams: "uma palavra que havia indicado, numa sociedade mais autoconfiante, um processo de instrução tornou-se, no século XIX, o foco de uma reação profundamente significativa contra uma sociedade lutando com o sofrimento de uma mudança radical e dolorosa".[7] Uma razão para a emergência de "cultura", então, é o fato de que "civilização" começava a soar de modo cada vez menos plausível como um termo valorativo. Assim, na virada do século XIX testemunha-se um crescente *Kulturpessimismus*, do qual talvez o principal documento seja *Decline of the West* [A decadência do Ocidente], de Oswald Spengler, mas que, em língua inglesa, tem mais

---

7 WILLIAMS, R. The Idea of Culture. In: McILROY, J., WESTWOOD, S. (Ed.) *Border Country*: Raymond Williams in Adult Education. Leicester: 1993. p.60.

A ideia de cultura

eco na obra de F. R. Leavis, significativamente intitulada *Mass civilisation and minority culture* [Civilização de massa e cultura de minoria]. A conjunção no título indica, é desnecessário dizer, um contraste evidente.

Se a cultura, entretanto, deve ser uma crítica efetiva, precisa manter sua dimensão social. Ela não pode simplesmente recair em seu antigo sentido de cultivo individual. A célebre antítese de Coleridge em *On the constitution of Church and State* [Sobre a constituição da Igreja e do Estado] – "A distinção permanente e o contraste ocasional entre cultura e civilização" – prenuncia muito do destino da palavra nas décadas que se seguiriam. Nascido no coração do iluminismo, o conceito de cultura lutava agora com ferocidade edipiana contra os seus progenitores. A civilização era abstrata, alienada, fragmentada, mecanicista, utilitária, escrava de uma crença obtusa no progresso material; a cultura era holística, orgânica, sensível, autotélica, recordável. O conflito entre cultura e civilização, assim, fazia parte de uma intensa querela entre tradição e modernidade. Mas também era, até certo ponto, uma guerra fingida. O oposto de cultura, para Matthew Arnold e seus discípulos, era uma anarquia engendrada pela própria civilização. Uma sociedade patentemente materialista acabaria produzindo seus rudes e ressentidos destruidores. No entanto, ao refinar esses rebeldes, a cultura encontrar-se-ia indo em socorro da própria civilização pela qual sentia tal desprezo. Embora os fios políticos entre os dois conceitos estivessem assim notoriamente emaranhados, a civilização era no seu todo burguesa, enquanto a cultura era ao mesmo tempo aristocrática e populista. Como Lord Byron, ela representava essencialmente uma variedade radical de aristocratismo, com uma simpatia sincera pelo *Volk* e uma aversão desdenhosa ao *Burgherr*.

Essa virada *völkisch* do conceito é o segundo elemento de desenvolvimento que Williams descobre. A partir do idealismo alemão, a cultura assume algo do seu significado moderno de um modo de vida característico. Para Herder, isso é um ataque consciente contra o universalismo do iluminismo. A cultura, insiste ele, não significa uma narrativa grandiosa e unilinear da humanidade em seu todo, mas uma diversidade de formas de vida específicas, cada uma com suas leis evolutivas próprias e peculiares. De fato, como assinala Robert Young, o iluminismo não se opunha absolutamente de maneira uniforme a essa perspectiva. Ele podia estar aberto a culturas não europeias de formas que relativizavam perigosamente seus próprios valores, e alguns de seus pensadores prefiguraram a posterior idealização do "primitivo" como uma crítica do Ocidente.[8] Mas Herder associa explicitamente a luta entre os dois sentidos da palavra "cultura" a um conflito entre a Europa e os seus Outros coloniais. Trata-se, para ele, de opor o eurocentrismo de uma cultura como civilização universal aos clamores daqueles "de todos os cantos do mundo" que não viveram e pereceram em prol da honra duvidosa de ter sua posteridade tornada feliz por uma cultura europeia ilusoriamente superior.[9]

"O que certa nação julga indispensável para o círculo de seus pensamentos", escreve Herder, "nunca entrou na mente de uma outra, e por outra ainda foi julgado ultrajante".[10] A origem da ideia de cultura como um modo de vida característico, então, está estreitamente ligada a um pendor romântico anticolonialista por sociedades "exóticas" subjugadas. O exotismo ressurgirá no século XX nos aspectos primitivistas do modernismo, um primitivismo que segue de mãos dadas com o crescimento da moderna antropologia cultural. Ele aflorará bem mais

---

8 Ver YOUNG, R. J. C. *Colonial Desire*. Londres e Nova Iorque: 1995. cap.2. Esta é a melhor introdução curta disponível à ideia moderna de cultura e suas nuanças racistas. No que diz respeito ao relativismo cultural do Iluminismo, *As Viagens de Gulliver*, de Jonathan Swift é um exemplo característico.

9 Ver ibidem, p. 79.

10 VON HERDER, J. G. *Reflections on the Philosophy of the History of Mankind*. 1784-91 (reimpr. Chicago: 1968). p.49.

A ideia de cultura

tarde, dessa vez numa roupagem pós-moderna, numa romantização da cultura popular, que agora assume o papel expressivo,
espontâneo e quase utópico que tinham desempenhado anterior-
mente as culturas "primitivas".[11]

Num gesto prefigurativo do pós-modernismo (ele próprio,
entre outras coisas, uma variedade do pensamento romântico
tardio), Herder propõe pluralizar o termo "cultura", falando
das culturas de diferentes nações e períodos, bem como de
diferentes culturas sociais e econômicas dentro da própria
nação. É este sentido da palavra que tentativamente criará
raízes em meados do século XIX, mas que não se estabelecerá
decididamente até o início do século XX. Embora as palavras
"civilização" e "cultura" continuem sendo usadas de modo
intercambiável, em especial por antropólogos, cultura é agora
também quase o oposto de civilidade. Ela é mais tribal do que
cosmopolita, uma realidade vivida em um nível instintivo muito
mais profundo do que a mente e, assim, fechada para a crítica
racional. Ironicamente, ela é agora mais um modo de descrever as formas de vida de "selvagens" do que um termo para
os civilizados.[12] Numa inversão curiosa, os selvagens agora são
cultos, mas os civilizados, não. Mas se "cultura" pode descrever
uma ordem social "primitiva", também pode fornecer a alguém
um modo de idealizar a sua própria. Para os românticos radicais,
a cultura "orgânica" podia fornecer uma crítica da sociedade
real; para um pensador como Edmund Burke, podia fornecer
uma metáfora para a sociedade real e, portanto, protegê-la de
tal crítica. A unidade que alguns conseguiam encontrar apenas
em comunidades pré-modernas podia ser também reivindicada

---

11 Ver, por exemplo, FISKE, J. *Understanding Popular Culture*, Londres: 1989, e
*Reading the Popular*, Londres, 1989. Para um comentário crítico a respeito
disso, ver MCGUIGAN, J. *Cultural Populism*. Londres: 1992.

12 Para um tratamento lúcido de tópicos em antropologia cultural, ver
BEATTIE, J. *Other Cultures*, Londres: 1964.

para o Império Britânico. Estados modernos podiam, assim, pilhar Estados pré-modernos tanto por razões ideológicas como por econômicas. Cultura, nesse sentido, é "uma palavra estritamente imprópria, dividida contra si mesma ... ao mesmo tempo sinônima do *mainstream* da civilização ocidental e antítese dela".[13] Como um exercício livre de pensamento desinteressado, ela pode minar interesses sociais egoístas; mas uma vez que os solapa em nome do todo social, reforça a própria ordem social que censura.

A cultura como orgânica, assim como a cultura como civilidade, paira indecisamente entre fato e valor. Em um sentido, ela não faz mais do que designar uma forma de vida tradicional, seja de berberes ou de barbeiros. Mas já que comunidade, tradição, ter raízes e solidariedade são noções que se supõe que aprovemos, ou pelo menos supunha-se até o advento do pós-modernismo, poder-se-ia pensar haver algo positivo na mera existência de uma tal forma de vida. Ou, melhor dizendo, no simples fato da pluralidade de tais formas. É essa fusão do descritivo e do normativo, conservada tanto de "civilização" quanto do sentido universalista de "cultura", que despontará na nossa própria época sob a roupagem de relativismo cultural. Ironicamente, esse relativismo "pós-moderno" deriva-se justamente de tais ambiguidades na própria época moderna. Para os românticos, existe algo intrinsecamente precioso no modo de vida como um todo, especialmente se a "civilização" está ocupada em arruiná-lo. Essa "totalidade" é sem dúvida um mito: como nos ensinaram os antropólogos, "os hábitos, pensamentos e ações mais heterogêneos podem coexistir lado a lado"[14] na mais aparentemente "primitiva" das culturas, mas os pensadores mais enlevados ficaram convenientemente surdos a essa advertência. À medida que a cultura como civilização é rigoro-

---

13 YOUNG, R. J. C. op. cit. p.53.

14 BOAS, F. *Race, Language and Culture*. 1940 (reimpr. Chicago e Londres, 1982). p.30.

samente discriminativa, a cultura como forma de vida não o é. Bom é tudo o que surge autenticamente das pessoas, não importa quem sejam elas. Isso funciona bem melhor se estivermos pensando, por exemplo, em pessoas como os navajos, em vez de em pessoas como as Mães do Alabama em Defesa da Pureza Moral, mas essa era uma distinção que foi rapidamente perdida. A cultura como civilização tinha tomado emprestadas suas distinções entre elevado e baixo dos primórdios da antropologia, para quem algumas culturas eram claramente superiores a outras; mas à medida que os debates foram desenvolvendo-se, o sentido antropológico da palavra tornou-se mais descritivo do que avaliativo. Ser simplesmente uma cultura de algum tipo já era um valor em si; mas não faria mais sentido elevar uma cultura acima de outra do que afirmar que a gramática do catalão era superior à do árabe.

Para os pós-modernistas, em caso contrário, modos de vida totais devem ser louvados quando se trata de dissidentes ou grupos minoritários, mas censurados quando se trata das maiorias. As "políticas de identidade" pós-modernas incluem assim o lesbianismo, mas não o nacionalismo, o que, para os radicais românticos mais antigos, ao contrário dos radicais pós-modernos mais recentes, seria algo totalmente ilógico. O primeiro grupo, vivendo em uma era de revolução política, estava protegido do absurdo de acreditar que movimentos majoritários ou consensuais são invariavelmente ignorantes. O segundo grupo, florescendo em uma fase posterior e menos eufórica da mesma história, abandonou a crença em movimentos de massa radicais, sobretudo porque há muito poucos deles dos quais se lembrar. Como teoria, o pós-modernismo aparece depois dos grandes movimentos de libertação nacional dos meados do século XX, e é ou literal ou metaforicamente jovem demais para recordar-se de tais cataclismos políticos. Com efeito, o próprio termo "pós-colonialismo" significa um interesse pelas sociedades do "Terceiro Mundo" que já passaram por suas lutas anticoloniais e que, portanto, têm pouca probabilidade de causar embaraços para os teóricos ocidentais que apreciam os oprimidos, mas são nitidamente mais céticos no que diz respeito a conceitos como revolução política. Talvez também seja bem mais fácil para alguém sentir-se solidário com as nações do "Terceiro Mundo" se elas não estiverem atualmente ocupadas em matar compatriotas dele.

Pluralizar o conceito de cultura não é facilmente compatível com a manutenção de seu caráter positivo. É muito simples ter entusiasmo pela cultura como autodesenvolvimento humanístico, ou mesmo, digamos, pela cultura boliviana, já que qualquer formação complexa dessa espécie forçosamente inclui várias características benignas. Mas tão logo se comece, num espírito de pluralismo generoso, a decompor a ideia de cultura para abranger, digamos, a "cultura das cantinas de delegacias de polícia", a "cultura sexual-psicopata" ou a "cultura da máfia", então fica menos evidente que essas sejam formas culturais a ser aprovadas simplesmente porque são formas culturais. Ou, na verdade, simplesmente porque são parte de uma rica diversidade dessas formas. Historicamente falando, existiu uma rica diversidade de culturas de tortura, mas mesmo pluralistas sinceros relutariam em sancionar isso como mais uma instância da colorida tapeçaria da experiência humana. Os que consideram a pluralidade como um valor em si mesmo são formalistas puros e, obviamente, não perceberam a espantosamente imaginativa variedade de formas que, por exemplo, pode assumir o racismo. De qualquer modo, como acontece com muito do pensamento pós-moderno, o pluralismo encontra-se aqui estranhamente cruzado com a autoidentidade. Em vez de dissolver identidades distintas, ele as multiplica. Pluralismo pressupõe identidade, como hibridização pressupõe pureza. Estritamente falando, só se pode hibridizar uma cultura que é pura; mas como Edward Saïd sugere, "todas as culturas estão envolvidas umas com as outras; nenhuma é isolada e pura, todas

A ideia de cultura

são híbridas, heterogêneas, extraordinariamente diferenciadas e não monolíticas".[15] É preciso lembrar, também, que nenhuma cultura humana é mais heterogênea do que o capitalismo.

Se a primeira variante importante da palavra "cultura" é a crítica anticapitalista, e a segunda um estreitamento e, concomitantemente, uma pluralização da noção a um modo de vida total, a terceira é a sua gradual especialização às artes. Mesmo aqui o significado da palavra pode ser restringido ou expandido, já que cultura, nesse sentido, pode incluir atividade intelectual em geral (Ciência, Filosofia, Erudição etc.), ou ser ainda mais limitada a atividades supostamente mais "imaginativas", como a Música, a Pintura e a Literatura. Pessoas "cultas" são pessoas que têm cultura nesse sentido. Também esse sentido da palavra sinaliza um dramático desenvolvimento histórico. Sugere, em primeiro lugar, que a Ciência, a Filosofia, a Política e a Economia já não podem ser vistas como criativas ou imaginativas. Sugere também – olhando a coisa por seu lado mais desanimador – que valores "civilizados" só podem agora ser encontrados na fantasia. E isso é, claramente, um comentário mordaz a respeito da realidade social. Se a criatividade agora podia ser encontrada na arte, era porque não podia ser encontrada em nenhum outro lugar? Tão logo cultura venha a significar erudição e as artes, atividades restritas a uma pequena proporção de homens e mulheres, a ideia é ao mesmo tempo intensificada e empobrecida.

A história das consequências disso para as próprias artes – na medida em que se atribui a elas uma importante significação social de que, realmente, são por demais frágeis e delicadas para sustentar, desintegrando-se a partir de dentro ao serem forçadas a representar Deus ou a felicidade ou a justiça política – faz parte da narrativa do modernismo. É o pós-modernismo que procura aliviar as artes dessa carga opressiva de ansiedade,

---

15  SAÏD, E. *Culture and Imperialism*. Londres: 1993. p.xxix.

instigando-as a esquecer todos esses ominosos sonhos de profundidade, deixando-as assim livres para uma espécie razoavelmente frívola de independência. Bem antes disso, entretanto, o romantismo havia tentado realizar o impossível ao buscar na cultura estética tanto uma alternativa à política como o próprio paradigma de uma ordem política transformada. Isso não era tão difícil como parece, visto que, se o propósito todo da arte era a sua falta de propósito, então até mesmo o mais extravagante esteta era também em certo sentido o mais dedicado revolucionário, comprometido com uma ideia de valor como autovalidação que constituía o próprio reverso da utilidade capitalista. A arte podia agora modelar a boa-vida não por meio de uma representação desta, mas simplesmente sendo si mesma, pelo que mostrava e não pelo que dizia, oferecendo o escândalo de sua própria existência inutilmente autodeleitante como uma crítica silenciosa do valor de troca e da racionalidade instrumental. Essa elevação da arte a serviço da humanidade, porém, era inevitavelmente autodestrutiva, visto que conferia ao artista romântico um *status* transcendente em desacordo com a significação política desse artista, e visto que, na armadilha perigosa de toda utopia, a imagem da boa vida veio gradualmente a representar sua real inacessibilidade.

A cultura era autodestrutiva também em outro sentido. O que a tornava crítica do capitalismo industrial era a sua afirmação de totalidade, de simetria, do desenvolvimento, a todos os respeitos, das capacidades humanas. De Schiller a Ruskin, essa totalidade é colocada em oposição aos efeitos assimétricos de uma divisão do trabalho que tolhe e diminui as capacidades humanas. O marxismo também tem algumas de suas fontes nessa tradição romântico-humanista. Mas se a cultura é um livre e autodeleitante jogo do espírito no qual todas as capacidades humanas podem ser desinteressadamente estimuladas e desenvolvidas, ela também é uma ideia que se posiciona firmemente contra o partidarismo. Estar comprometido com alguma posição é ser inculto. Matthew Arnold pode ter acreditado na cultura como aprimoramento social, mas também recusou-se a tomar partido sobre a questão da escravatura durante a Guerra Civil americana. A cultura é assim um antídoto à política, moderando essa fanática estreiteza de mentalidade no seu apelo pelo equilíbrio, pelo manter a mente serenamente imaculada de tudo que seja tendencioso, desiquilibrado, sectário. Na verdade, apesar de toda a aversão do pós-modernismo ao humanismo liberal, existe mais do que uma sugestão dessa estreiteza de mentalidade no seu próprio incômodo pluralista com relação a posições rígidas e inalteráveis, na sua confusão entre o determinado e o dogmático. A cultura, então, pode ser uma crítica do capitalismo, mas é igualmente uma crítica das posições que se opõem a ele. Para que seja realizado seu ideal multiforme seria necessária uma árdua política unilateral, mas os meios então iriam andar desastrosamente em direção oposta ao fim. A cultura exige dos que clamam por justiça que olhem para além de seus próprios interesses parciais, que olhem para o todo – quer dizer, para os interesses de seus governantes assim como para os seus próprios. Não importa, assim, que esses interesses possam ser mutuamente contraditórios. Que a cultura venha a ser associada à justiça para grupos minoritários, como tem sido atualmente, é, assim, um desenvolvimento decisivamente novo.

Com essa recusa do partidarismo, a cultura aparenta ser uma noção politicamente neutra. Mas é precisamente nesse compromisso formal com a multiformidade que ela é mais clamorosamente partidária. A cultura é indiferente a respeito de quais faculdades humanas devam ser realizadas, e pareceria assim genuinamente imparcial no nível do conteúdo. Ela insiste apenas que essas faculdades devam ser realizadas harmoniosamente, cada uma contrabalançando judiciosamente a outra, e insinua, por conseguinte, uma política no nível da forma. Pede-se-nos que acreditemos que a unidade é inerentemente preferível ao conflito, ou a simetria à unilateralidade. Pede-se-nos também que acreditemos, de modo ainda mais implausível, que isso não é em si uma posição política. Analogamente, uma vez que essas capacidades devem ser realizadas em consideração a si mesmas, a cultura dificilmente pode ser acusada de ser um instrumento político. Mas existe, de fato, uma política implícita precisamente nessa não utilidade – seja a política aristocrática daqueles que têm o lazer e a liberdade para pôr desdenhosamente de lado a utilidade, ou a política utópica daqueles que aspiram a uma sociedade para além de valores de troca.

Não é, na verdade, apenas a cultura que está aqui em questão, mas uma seleção particular de valores culturais. Ser civilizado ou culto é ser abençoado com sentimentos refinados, paixões temperadas, maneiras agradáveis e uma mentalidade aberta. É portar-se razoável e moderadamente, com uma sensibilidade inata para os interesses dos outros, exercitar a autodisciplina e estar preparado para sacrificar os próprios interesses egoístas pelo bem do todo. Por mais esplêndidas que algumas dessas prescrições possam ser, certamente não são politicamente inocentes. Ao contrário, o indivíduo culto parece-se suspeitosamente com um liberal de tendências conservadoras. É como se os noticiaristas da BBC fossem o paradigma da humanidade em geral. Esse indivíduo civilizado certamente não se parece com um revolucionário político, ainda que a revolução também faça parte da civilização. A palavra "razoável" significa aqui algo como "aberto à persuasão" ou "disposto a concessões", como se toda convicção apaixonada fosse *ipso facto* irracional. A cultura está do lado do sentimento em vez do da paixão, o que quer dizer do lado das classes médias de boas maneiras em vez do das massas iradas. Dada a importância do equilíbrio, é difícil ver por que alguém não seria solicitado a contrabalançar uma objeção ao racismo com o seu oposto. Ser inequivocamente contrário ao racismo pareceria ser distintamente não pluralista. Já que a moderação é sempre uma virtude, um leve desagrado com relação à prostituição infantil pareceria mais apropriado do que uma oposição veemente a ela. E já que a ação pareceria implicar um conjunto de escolhas razoavelmente definitivas, essa versão da cultura é, inevitavelmente, mais contemplativa do que *engagé*.

Isso, ao menos, pareceria verdadeiro quanto à noção do estético de Friedrich Schiller, a qual ele nos apresenta como um "estado negativo de completa ausência de determinação".[16] Na condição estética, "o homem é Nada, se pensarmos em qualquer resultado particular em vez da totalidade de suas capacidades";[17] em vez disso, estamos suspensos em um estado de possibilidade perpétua, uma espécie de negação nirvânica de toda determinação. A cultura, ou o estético, não é parcial a nenhum interesse social específico, mas precisamente por causa disso é uma capacidade ativadora geral. Ela não se opõe à ação, mas à fonte criativa de qualquer ação que seja. A cultura,

> porque não toma sob a sua proteção nenhuma faculdade singular do homem à exclusão das outras ... favorece cada uma e todas elas sem distinção; e não favorece nenhuma delas isoladamente mais do que outra pelo simples motivo de que ela é a razão da possibilidade de todas elas.[18]

Incapaz, de certo modo, de dizer uma coisa sem dizer qualquer coisa, a cultura não diz o que quer que seja, eloquente a ponto extremo de ser muda. Ao cultivar toda possibilidade até o seu limite, arrisca a deixar-nos com os músculos entorpecidos, imobilizados, tal é o efeito paralisante da ironia romântica. Quando finalmente passamos a agir, encerramos essa liberdade de ação com o sordidamente específico, mas ao menos fazemos isso com a consciência de outras possibilidades e permitimos que esse sentido ilimitado de potencial criativo dê forma ao que quer que façamos.

---

16  SCHILLER, F. op. cit., p.141.
17  Ibidem, p.146.
18  Ibidem, p.151.

Para Schiller, então, a cultura pareceria ser ao mesmo tempo fonte da ação e negação dela. Existe uma tensão entre aquilo que faz a nossa prática criativa e o próprio fato mundano da prática ela mesma. Para Matthew Arnold, de modo bastante similar, a cultura é, ao mesmo tempo, um ideal de perfeição absoluta e o processo histórico imperfeito que trabalha para esse fim. Em ambos os casos, parece haver alguma brecha constitutiva entre a cultura e sua encarnação física, visto que a multiformidade do estético nos inspira a ações que, por sua própria determinação, o contradizem.

Se a palavra "cultura" é um texto histórico e filosófico, também é o lugar de um conflito político. Como coloca Raymond Williams:

> O complexo de sentidos (dentro do termo) indica um argumento complexo acerca das relações entre desenvolvimento humano geral e um modo de vida particular, e entre ambos e as obras e práticas da arte e da inteligência.[19]

Essa, de fato, é a narrativa traçada na obra *Culture and society 1780-1950* [Cultura e sociedade 1780-1950] de Williams, que delineia a versão nativa inglesa da *Kulturphilosophie* europeia. Essa corrente de pensamento poderia ser vista como um esforço para ligar vários significados de cultura que estão gradualmente distanciando-se: cultura (no sentido das artes) define uma qualidade de vida refinada (cultura como civilidade) cuja realização na cultura (no sentido de vida social) como um todo é a tarefa da mudança política. O estético e o antropológico são assim reunidos. De Coleridge a F. R. Leavis, o sentido mais amplo e socialmente responsável de cultura é mantido firmemente em atividade, mas só pode ser definido por um sentido mais especializado do termo (cultura como as artes) que ameaça constantemente substituí-lo. Em uma dialética bloqueada desses dois sentidos

---

19 WILLIAMS, R., *Keywords*, p.81.

A ideia de cultura

de cultura, Arnold e Ruskin reconhecem que, sem mudança social, as artes e o "bem viver" estão eles mesmos em perigo mortal; entretanto, também acreditam que as artes estão entre os lastimavelmente poucos instrumentos de tal transformação. Na Inglaterra, é só com William Morris, que atrela essa *Kulturphilosophie* a uma força política real – o movimento da classe operária –, que esse círculo vicioso semântico pode ser quebrado.

O Williams de *Keywords* [Palavras-chave] talvez não esteja suficientemente atento à lógica interior das mudanças que registra. O que é que liga cultura como crítica utópica, cultura como modo de vida e cultura como criação artística? A resposta é certamente uma resposta negativa: todas as três são, de diferentes maneiras, reações ao fracasso da cultura como civilização real – como a grande narrativa do autodesenvolvimento humano. Se essa se torna uma história difícil de acreditar à medida que o capitalismo industrial se desenvolve, uma história inacreditável herdada de um passado um tanto mais otimista, então a ideia de cultura defronta-se com algumas alternativas desagradáveis. Ela pode manter seu alcance global e sua relevância social, mas recuar do presente melancólico para tornar-se uma imagem comoventemente em perigo de um futuro desejável. Outra imagem, bastante inesperada, é o passado antigo, que se parece com um futuro emancipado no simples fato não ignorável de sua não existência. Isso é cultura como crítica utópica, ao mesmo tempo prodigiosamente criativa e politicamente debilitada, que está sempre em risco de desaparecer na própria distância crítica da *Realpolitik* que ela tão devastadoramente estabelece.

Alternativamente, a cultura pode sobreviver abjurando toda abstração desse tipo e fazendo-se concreta, tornando-se a cultura da Baviera ou da Microsoft ou dos bosquímanos; mas isso corre o risco de, ao emprestar-lhe uma especificidade de que muito necessita, fazê-la perder proporcionalmente sua normatividade. Para os românticos, esse sentido de cultura mantém a sua força normativa, uma vez que se pode valer dessas formas de

*Gemeinschaft* para uma crítica engenhosa da *Gesellschaft* industrial--capitalista. O pensamento pós-moderno, ao contrário, é demasiado alérgico à nostalgia para tomar esse rumo sentimentalista, esquecido de que para um Walter Benjamin até mesmo a nostalgia pode ganhar um significado revolucionário. O que é valioso para a teoria pós-moderna é mais o fato formal da pluralidade dessas culturas do que o seu conteúdo intrínseco. Com efeito, no que diz respeito a seu conteúdo, realmente não pode haver nada a escolher entre elas, visto que os critérios para qualquer escolha desse tipo devem ser eles próprios dependentes de uma cultura. O conceito de cultura ganha assim em especificidade o que perde em capacidade crítica, tal como a cadeira de balanço construtivista é uma forma de arte mais sociável do que a obra de arte do auge do modernismo, mas somente à custa de seu agudeza crítica.

A terceira resposta à crise da cultura como civilização, como vimos, é reduzir a categoria inteira a um punhado de obras artísticas. Cultura aqui significa um corpo de trabalhos artísticos e intelectuais de valor reconhecido, juntamente com as instituições que o produzem, difundem e regulam. Nesse sentido bastante recente da palavra, a cultura é ao mesmo tempo sintoma e solução. Se a cultura é um oásis de valor, então apresenta uma espécie de solução. Mas se a erudição e as artes são os únicos enclaves sobreviventes de criatividade, então certamente estamos com um problema terrível. Em que condições sociais fica a criatividade confinada à Música e à Poesia, enquanto a Ciência, a tecnologia, a política, o trabalho e a domesticidade tornam-se monotonamente prosaicos? Pode-se fazer a essa noção de cultura a famosa pergunta de Marx à religião: Para que alienação deplorável é essa transcendência uma pobre compensação?

Entretanto, essa ideia minoritária de cultura, embora seja um importante sintoma de crise histórica, é também uma espécie de solução. Assim como a cultura como modo de vida, ela confere cor e textura à abstração iluminista da cultura como civilização. Nas correntes mais férteis da crítica literária inglesa de Wordsworth a Orwell, são as artes, em especial as da linguagem ordinária, que apresentam um indicador sensível da qualidade da vida social como um todo. Mas se a cultura, nesse sentido da palavra, tem a imediação sensível da cultura como forma de vida, ela também herda o viés normativo da cultura como civilização. As artes podem refletir a vida refinada, mas são também a medida dela. Se elas incorporam, também avaliam. Nesse sentido, unem o real e o desejável à maneira de uma política radical.

Os três diferentes sentidos de cultura, assim, não são facilmente separáveis. Se cultura como crítica deve ser mais do que uma fantasia ociosa, precisa ser indicativa daquelas práticas presentes que prefiguram algo da amizade e satisfação pelas quais anseia. Ela as encontra em parte na produção artística, e em parte naquelas culturas marginais que ainda não foram totalmente absorvidas pela lógica da utilidade. Ao absorver a cultura nesses outros sentidos, a cultura como crítica tenta evitar o modo puramente subjuntivo de "má" utopia, o qual consiste simplesmente em uma espécie de anseio melancólico, um "como seria bom se" sem base alguma no real. O equivalente político disso é a doença infantil conhecida como radicalismo de esquerda, que nega o presente em nome de algum futuro alternativo inconcebível. A "boa" utopia, ao contrário, descobre uma ponte entre o presente e o futuro naquelas forças no presente que são potencialmente capazes de transformá-lo. Um futuro desejável deve ser também um futuro exequível. Ao ligar-se a esses outros sentidos de cultura, que pelo menos têm a virtude de realmente existirem, o tipo mais utópico de cultura pode, assim, tornar-se uma forma de crítica imanente, julgando deficiente o presente ao medi-lo com relação a normas que ele próprio gerou. Nesse sentido, também, a cultura pode unir fato e valor, sendo tanto uma prestação de contas do real como uma antecipação do desejável. Se o real contém aquilo que o contradiz, então o termo "cultura" está destinado a olhar em duas direções opostas. A desconstrução, que mostra como uma situação acaba forçosamente violando a sua própria lógica justamente na tentativa de aderir a ela, é simplesmente um nome mais recente para essa noção tradicional de crítica imanente. Para os românticos radicais, a arte, a imaginação, a cultura folclórica ou comunidades "primitivas" são sinais de uma energia criativa que deve ser estendida à sociedade política como um todo. Para o marxismo, que surge na esteira do romantismo, ela é uma forma bem menos exaltada de energia criativa, aquela da classe operária, que pode transfigurar a própria ordem social da qual é o produto.

A cultura nesse sentido desponta quando a civilização começa a parecer autocontraditória. À medida que a sociedade civilizada se expande, chega-se a um ponto em que ela impõe a alguns de seus teóricos uma forma de reflexão admiravelmente nova, conhecida como pensamento dialético. Essa é, por assim dizer, uma resposta a certa dificuldade. O pensamento dialético surge porque fica cada vez menos possível ignorar o fato de que a civilização, no próprio ato de realizar alguns potenciais humanos, também suprime danosamente outros. É a relação interna entre esses dois processos que engendra esse novo hábito intelectual. Pode-se racionalizar essa contradição limitando a palavra "civilização" a um termo valorativo e contrastando-a com a sociedade de hoje em dia. Isso é, presumivelmente, o que Gandhi tinha em mente quando lhe foi perguntado o que achava da civilização inglesa: "Acho que ela seria uma ideia muito boa". Mas pode-se também chamar as capacidades reprimidas de "cultura", e as repressivas, de "civilização". Isso teria a virtude de que a cultura pode agir como uma crítica do presente ao mesmo tempo que está solidamente baseada dentro dele. Ela não é nem o mero outro da sociedade nem (assim como a "civilização") idêntica a ela, mas se move, simultaneamente, a favor e contra a corrente natural do progresso histórico. A cultura não é alguma vaga fantasia de satisfação, mas um conjunto de potenciais produzidos pela história e que trabalham subversivamente dentro dela.

O truque é saber como revelar essas capacidades, e a resposta de Marx será o socialismo. Para ele, nada no futuro socialista pode ser autêntico a menos que, de alguma maneira, tome como exemplo algo no presente capitalista. Se, porém, o fato de que os aspectos positivos e negativos da história estejam tão estreitamente ligados é um pensamento incômodo, é também um pensamento animador, pois a verdade é que a repressão, a exploração etc. não funcionariam a menos que houvesse seres humanos razoavelmente autônomos, refletivos e talentosos para explorar ou serem explorados. Não há necessidade de reprimir capacidades criativas que não existem. Essas, certamente, não são as melhores razões para regozijo. Parece estranho ter fé nos seres humanos porque eles são capazes de ser explorados. Mesmo assim, é verdade que aquelas práticas culturais mais benignas que conhecemos como criação (*nurture*) estão implícitas na própria existência da injustiça. Só alguém que recebeu cuidados quando criança pode ser injusto, já que, do contrário, ele não mais existiria para estar cometendo injustiças. Todas as culturas devem incluir práticas tais como a criação de crianças, educação, assistência social, comunicação, e apoio mútuo; em caso contrário, elas seriam incapazes de se reproduzir e, assim, incapazes, entre outras coisas, de engajar-se em práticas exploradoras. É óbvio que a criação de crianças pode ser sádica, a comunicação, deturpada e a educação, brutalmente autocrática. Mas nenhuma cultura pode ser inteiramente negativa, já que só para atingir seus fins perversos ela tem de promover capacidades que sempre implicam usos virtuosos. A tortura exige aquela espécie de capacidade de juízo, iniciativa e inteligência que pode também ser usada para aboli-la. Nesse sentido, todas as culturas são autocontraditórias. Mas isso é motivo não só de cinismo, mas também de esperança, já que significa que elas próprias engendram as forças que devem transformá-las. Essas forças não caem de paraquedas de algum espaço exterior metafísico. Existem outras maneiras nas quais esses três sentidos de cultura interagem. A ideia de cultura como um modo de vida orgânico faz parte da "alta" cultura tanto quanto Berlioz o faz. Como conceito, ela é o produto de intelectuais cultos, e pode representar o outro primordial que poderia revitalizar as suas próprias sociedades degeneradas. Sempre que se ouve alguém falar manifestando admiração pelo selvagem, pode-se estar certo de estar na presença de uma pessoa sofisticada. Na verdade, foi necessário alguém sofisticado, Sigmund Freud, para revelar quais desejos incestuosos podem estar escondidos em nossos sonhos de uma totalidade sensível, nosso anseio por um corpo que é cálido e palpável, embora eternamente evasivo. A cultura, que é ao mesmo tempo uma realidade concreta e uma visão enevoada da perfeição, apreende alguma coisa dessa dualidade. A arte modernista se volta para essas noções primevas para sobreviver a uma modernidade filisteia, e a mitologia constitui um pivô entre as duas. O excessivamente cultivado e o subdesenvolvido forjam estranhas alianças.

Todavia, as duas noções de cultura são relacionadas também de outras formas. A cultura como as artes pode ser o arauto de uma nova existência social, mas a questão é curiosamente circular, já que sem essa mudança social as próprias artes estão em risco. A imaginação artística, argumenta-se, só pode florescer em uma ordem social orgânica, e não criará raízes no solo raso da modernidade. O cultivo individual agora depende mais e mais da cultura no seu sentido social. Tanto é assim que Henry James e T. S. Eliot abandonam a sociedade "inorgânica" dos seus Estados Unidos nativos por uma Europa mais refinada, mais tortuosa, mais ricamente sedimentada. Se os Estados Unidos representam civilização, uma noção completamente secular, a Europa simboliza cultura, uma noção quase religiosa. A arte está fatalmente comprometida por uma sociedade que se entusiasma com ela só na sala de leilões e cuja lógica abstrata despoja o mundo de sua sensibilidade. Ela também está contaminada por uma ordem social para a qual a verdade não tem nenhuma utilidade, e valor significa a facilidade de ser vendido. Apenas para as artes sobreviverem, então, seria necessário tornar-se um reacionário ou revolucionário político, fazer o relógio voltar *à la* Ruskin à ordem corporativa do gótico feudal ou adiantá-lo com William Morris para um socialismo que deixou para trás a forma de mercadoria.

É igualmente fácil, entretanto, ver esses dois sentidos de cultura como estando em desacordo. Não é o excesso de cultivo o inimigo da ação? Não poderia a sensitividade enclausurada, matizada e com miríades de interesses que as artes trazem consigo incapacitar-nos para comprometimentos mais amplos e menos ambivalentes? Em geral, não se atribuiria a um poeta a presidência do comitê de saneamento. Será que a intensidade focalizada que as belas-artes exigem não nos incapacita para esses assuntos rotineiros, mesmo que concentremos nossa atenção em obras de arte socialmente conscientes? No que diz respeito ao sentido mais *gemeinschaftlich* de cultura, não é difícil perceber como isso envolve uma transferência, para a sociedade, dos valores ligados à cultura como arte. Cultura como modo de vida é uma versão estetizada da sociedade, encontrando nela a unidade, imediação sensível e independência de conflito que associamos ao artefato estético. A palavra "cultura", que se supõe designar um tipo de sociedade, é de fato uma forma normativa de imaginar essa sociedade. Ela também pode ser uma forma de alguém imaginar suas próprias condições sociais usando como modelo as de outras pessoas, quer no passado, na selva, ou no futuro político.

Embora "cultura" seja uma palavra popular no pós-modernismo, suas fontes mais importantes permanecem pré-modernas. Como ideia, a cultura começa a ser importante em quatro pontos de crise histórica: quando se torna a única alternativa aparente a uma sociedade degradada; quando parece que, sem uma mudança social profunda, a cultura no sentido das artes e do bem viver não será mais nem mesmo possível; quando fornece os termos nos quais um grupo ou povo busca sua emancipação política; e quando uma potência imperialista é forçada a chegar a um acordo com o modo de vida daqueles que subjuga. Entre esses, foram provavelmente os dois últimos pontos que colocaram mais decisivamente a ideia na agenda do século XX. Devemos nossa noção moderna de cultura em grande parte ao nacionalismo e ao colonialismo, juntamente com o desenvolvimento de uma Antropologia a serviço do poder imperialista. Aproximadamente no mesmo ponto da história, a emergência da cultura "de massa" no Ocidente conferiu ao conceito uma urgência adicional. É com nacionalistas românticos como Herder e Fichte que aflora pela primeira vez a ideia de uma cultura étnica distinta, com direitos políticos simplesmente em virtude dessa peculiaridade étnica;[20] e a cultura é vital para o nacionalismo de maneira que, digamos, a luta de classes, os direitos civis ou o combate à fome não chegam a sê-lo. Segundo certa perspectiva, nacionalismo é aquilo que adapta vínculos primordiais a complexidades modernas. À medida que a nação pré-moderna dá lugar ao Estado-nação moderno, a estrutura de papéis tradicionais já não pode manter a sociedade unida, e é a cultura, no sentido de ter em comum uma linguagem, herança, sistema educacional, valores compartilhados etc., que intervém como o princípio de unidade social.[21] A cultura, em outras palavras, chega intelectualmente a uma posição de destaque quando passa a ser uma força politicamente relevante.

---

20 Para uma crítica de tal nacionalismo romântico, ver EAGLETON, T. Nationalism and the Case of Ireland, *New Left Review*, n.234, mar./abr., 1999.

21 Ver, a esse respeito, GELLNER, E. *Thought and Change*. Londres: 1964, e *Nations and Nationalism*. Oxford: 1983.

A ideia de cultura

É com o desenvolvimento do colonialismo do século XIX que o significado antropológico de cultura como um modo de vida singular começa a ganhar terreno. E o modo de vida em questão é geralmente aquele dos "incivilizados". Como já vimos, cultura como civilidade é o oposto de barbarismo, mas cultura como um modo de vida pode ser idêntica a ele. Herder, segundo Geoffrey Hartman, foi o primeiro a usar a palavra cultura "no moderno sentido de uma *cultura de identidade*: um modo de vida sociável, populista e tradicional, caracterizado por uma qualidade que tudo permeia e faz uma pessoa se sentir enraizada ou em casa".[22] Cultura, em resumo, são os outros.[23] Como Fredric Jameson argumentou, cultura é sempre "uma ideia do Outro (mesmo quando a reassumo para mim mesmo)".[24] É improvável que os vitorianos pensassem em si mesmos como uma "cultura": isso não só teria significado perceber-se como um todo, mas ver a si mesmos como apenas uma forma de vida possível entre muitas. Definir o próprio mundo da vida como uma cultura é arriscar-se a relativizá-lo. Para uma pessoa, seu próprio modo de vida é simplesmente humano; são os outros que são étnicos, idiossincráticos, culturalmente peculiares. De maneira análoga, seus próprios pontos de vista são razoáveis, ao passo que os dos outros são extremistas.

Se a ciência da Antropologia marca o ponto em que o Ocidente começa a converter outras sociedades em legítimos objetos de estudo, o verdadeiro sinal de crise política é quando ele sente a necessidade de fazer isso consigo mesmo, pois existem selvagens também dentro da sociedade ocidental, criaturas enigmáticas, semi-inteligíveis, guiadas por paixões ferozes e dadas

---

22  HARMAN, G. *The Fateful Question of Culture*. Nova Iorque: 1997. p.211.

23  A expressão alude à famosa formulação de Raymond Williams "As massas são os outros", em *Culture and Society 1780-1950*, Londres, 1958 (reimpr. Harmondsworth, 1963), p.289.

24  JAMESON, F. On "Cultural Studies". *Social Text*, n.34, p.34, 1993.

a comportamento rebelde; e também esses precisarão tornar-se objetos de conhecimento disciplinado. O positivismo, a primeira escola autoconscientemente "científica" da Sociologia, revela as leis evolucionárias pelas quais a sociedade industrial está se tornando inexoravelmente mais corporativa, leis que um proletariado indisciplinado precisa reconhecer como não mais violáveis do que as forças que movem as ondas. Um pouco mais tarde, será parte da tarefa da Antropologia conspirar contra a "maciça ilusão perceptual pela qual um imperialismo nascente engendrou 'selvagens', congelando-os conceitualmente na sua alteridade subumana, mesmo enquanto destruía suas formações sociais e os liquidava fisicamente".[25]

A versão romântica de cultura, assim, evoluiu com o passar do tempo para uma versão "científica". Mesmo assim havia afinidades fundamentais. A idealização do "folclórico" feita pela primeira, de subculturas vitais profundamente escondidas em sua própria sociedade, poderia ser facilmente transferida a esses tipos primitivos que viviam no estrangeiro em vez de na terra natal dela. Tanto o folclórico como os primitivos são resíduos do passado dentro do presente, seres curiosamente arcaicos que emergem como anomalias temporais dentro do contemporâneo. O organicismo romântico poderia, assim, ser remodelado como funcionalismo antropológico, entendendo essas culturas "primitivas" como coerentes e não contraditórias. A palavra "total" na expressão "um modo de vida total" paira ambiguamente entre fato e valor, significando uma forma de vida que podemos apreender por inteiro porque estamos fora dela, mas também uma forma de vida com uma integridade de ser que falta à nossa própria. A cultura, assim, coloca em julgamento seu próprio modo de vida agnóstico e atomístico, mas, quase literalmente, de uma distância muito longa.

---

25 BANAJI, J. The Crisis of British Anthropology, *New Left Review*, n.64, nov./dez. 1970.

A ideia de cultura

Além disso, a ideia de cultura, por todo o caminho com base em suas origens etimológicas na lavoura, no cultivo do que cresce naturalmente, sempre havia sido uma forma de descentrar a consciência. Se ela significava, no seu uso mais limitado, os produtos mais refinados e mais requintadamente conscientes da história humana, o seu significado mais geral assinalava exatamente o oposto. Com seus ecos de processo orgânico e evolução sub-reptícia, a cultura era um conceito quase determinista, significando aquelas características da vida social – costume, parentesco, linguagem, ritual, mitologia – que nos escolhem muito mais do que escolhemos a elas. Ironicamente, então, a ideia de cultura colocava-se tanto acima como abaixo da vida social ordinária, ao mesmo tempo incomparavelmente mais consciente e consideravelmente menos calculável. "Civilização", ao contrário, soa mais a atividade e consciência, possui uma aura de projeção racional e planejamento urbano, como um projeto coletivo pelo qual cidades são construídas em pântanos e catedrais erguidas em direção aos céus. Parte do escândalo do marxismo havia sido tratar a civilização como se ela fosse cultura – escrever, em resumo, a história do inconsciente político da humanidade, daqueles processos sociais que, como colocou Marx, acontecem "pelas costas" dos agentes envolvidos. Assim como com Freud um pouco mais tarde, uma consciência finamente civilizada é deslocada para reforçar as forças ocultas que a haviam estabelecido. Como comentou o autor de uma resenha de *O capital*, para satisfação do autor do livro:

> Se, na história da civilização, os elementos conscientes desempenham um papel tão subordinado, então é autoevidente que uma investigação crítica cujo tema é a civilização pode basear-se em alguma forma ou algum resultado da consciência menos do que em qualquer outra coisa.[26]

---

26  Citação ibidem, p.79n.

A cultura, então, é o verso inconsciente cujo anverso é a vida civilizada, as crenças e predileções tomadas como certas que têm de estar vagamente presentes para que sejamos, de alguma forma, capazes de agir. Ela é aquilo que surge instintivamente, algo profundamente arraigado na carne em vez de concebido na mente. Não é surpreendente, portanto, que o conceito tenha encontrado um lugar tão acolhedor no estudo de sociedades "primitivas", as quais, aos olhos do antropólogo, permitiam que seus mitos, rituais, sistemas de parentesco e tradições ancestrais pensassem por elas. Elas eram uma espécie de versão "ilha do mares do sul" do direito consuetudinário inglês e da Câmara dos Lordes, vivendo em uma utopia burkeiana na qual instinto, costume, devoção e lei ancestral funcionavam por si mesmos, sem a intervenção intrometida da razão analítica. A "mente selvagem", assim, tinha uma importância particular para o modernismo cultural, que, dos cultos de fertilidade de T. S. Eliot aos ritos de primavera de Stravinsky, podia encontrar nela uma vaga crítica da racionalidade do iluminismo.

Poder-se-ia inclusive matar dois coelhos teóricos com uma cajadada, descobrindo nessas culturas "primitivas" tanto uma crítica dessa racionalidade como uma confirmação dela. Se os hábitos de pensamento supostamente concretos e sensíveis dessas culturas apresentavam-se como uma reprimenda à razão ressecada do Ocidente, os códigos inconscientes que governavam esse pensamento tinham todo o rigor exigente da Álgebra ou da Linguística. Foi assim que a Antropologia estrutural de Claude Lévi-Strauss pôde apresentar tais "primitivos" tanto como confortavelmente similares como exoticamente diferentes de nós mesmos. Se eles pensavam em termos de Terra e Lua, faziam-no com toda a elegante complexidade da Física Nuclear.[27] Tradição e modernidade, por conseguinte, podiam ser agradavelmente har-

---

27 Ver LÉVI-STRAUSS, C. *Anthropologie structurale*. Paris: 1958, e *La Pensée sauvage*. Paris: 1966.

monizadas, projeto que o estruturalismo havia herdado, inacabado, do auge do modernismo. A mentalidade mais *avant-garde*, assim, fazia uma meia-volta completa para se encontrar com a mais arcaica; com efeito, para alguns pensadores românticos era só dessa forma que uma cultura ocidental dissoluta podia ser regenerada. Tendo chegado a um ponto de decadência complexa, a civilização podia refrescar-se somente na fonte da cultura, olhando para trás a fim de caminhar para frente. O modernismo, dessa maneira, engatou a marcha a ré no tempo, descobrindo no passado uma imagem do futuro.

O estruturalismo não foi o único ramo da teoria literária que pôde traçar parte de suas origens de volta ao imperialismo. A hermenêutica, por detrás da qual se esconde uma dúvida ansiosa quanto a se o outro é, afinal, inteligível, é certamente tão relevante para o projeto quanto a psicanálise, que traz à luz um subtexto atávico que está nas próprias raízes da consciência humana. A crítica mitológica ou arquetípica faz algo parecido, ao passo que o pós-estruturalismo, de cujos principais expoentes um é originário de uma antiga colônia francesa, põe em questão aquilo que considera ser uma metafísica profundamente eurocêntrica. Quanto à teoria pós-moderna, nada podia ser menos do seu gosto do que a ideia de uma cultura estável, pré-moderna, firmemente unificada, cuja mera cogitação a faz buscar sua hibridez e seu caráter ilimitado e aberto. Mas o pós-moderno e o pré-moderno têm mais afinidades do que isso sugeriria. O que ambos compartilham é o respeito elevado e por vezes extravagante que conferem à cultura como tal. De fato, poder-se-ia afirmar que a cultura é uma ideia pré-moderna e pós-moderna em vez de uma ideia moderna; se ela floresce na era da modernidade, é em grande medida como um vestígio do passado ou como uma antecipação do futuro.

O que liga as ordens pré-moderna e pós-moderna é que para ambas, embora por razões bem diferentes, a cultura é um nível dominante da vida social. Se ela sobressai tanto assim nas sociedades tradicionais, é porque é menos um "nível" do que um meio universal no qual se dão outros tipos de atividades. A política, a sexualidade e a produção econômica ainda estão, até certo ponto, presas em uma ordem simbólica de significado. Como observa o antropólogo Marshall Sahlins, num remoque ao modelo marxista de infraestrutura e superestrutura, "nas culturas tribais, a economia, a organização política, o ritual e a ideologia não aparecem como 'sistemas' distintos".[28] No mundo pós-moderno, a cultura e a vida social estão mais uma vez estreitamente aliadas, mas agora na forma da estética da mercadoria, da espetacularização da política, do consumismo do estilo de vida, da centralidade da imagem, e da integração final da cultura dentro da produção de mercadorias em geral. A estética, originalmente um termo para a experiência perceptiva cotidiana e que só mais tarde se tornou especializado para a arte, tinha agora completado um círculo e retornado à sua origem mundana, assim como dois sentidos de cultura – as artes e a vida comum – tinham sido agora combinados no estilo, moda, propaganda, mídia e assim por diante.

O que ocorre nesse intervalo é a modernidade, para a qual a cultura não é o mais vital dos conceitos. Na verdade, é para nós difícil imaginarmo-nos de volta a uma época em que todas as nossas mais elegantes palavras da moda – *corporidade, diferença, localidade, imaginação, identidade cultural* – eram vistas como os obstáculos para uma política de emancipação, em vez de seus termos de referência. Cultura, para o iluminismo, significava, de modo geral, aqueles apegos regressivos que nos impediam de ingressar em nossa cidadania do mundo. Significava nossa ligação sentimental a um lugar, nostalgia pela tradição, preferência pela tribo, reverência pela hierarquia. A diferença era, em grande medida, uma doutrina reacionária que negava a

---

28  SAHLINS, M. *Culture and Practical Reason.* Chicago e Londres: 1976. p.6.

A ideia de cultura

igualdade à qual todos os homens e mulheres tinham direito. Um ataque à Razão em nome da intuição ou da sabedoria do corpo era uma licença para preconceitos insensatos. A imaginação era uma doença da mente que nos impedia de ver o mundo como ele era e, portanto, de agir para transformá-lo. E negar a Natureza em nome da Cultura era quase que certamente acabar no lado errado das barricadas.

A cultura, por certo, ainda tinha seu lugar, mas à medida que a Idade Moderna se desenvolvia esse lugar era ou de oposição ou de complementação. Ou a cultura se tornava uma forma um tanto inefetiva de crítica política, ou era a área protegida para dentro da qual se podia escoar todas aquelas energias potencialmente destrutivas, espirituais, artísticas ou eróticas, das quais a modernidade podia cuidar cada vez menos. Essa área, como a maioria dos espaços oficialmente sagrados, era ao mesmo tempo venerada e ignorada, centralizada e marginalizada. A cultura não mais era uma descrição do que se era, mas do que poderia ser ou costumava ser. Era menos um nome para nosso próprio grupo do que para nossos dissidentes boêmios, ou, à medida que o século XIX transcorria, para povos menos sofisticados vivendo muito longe. Que a cultura não mais descreva a existência social como ela é diz muito a respeito de um certo tipo de sociedade. Como assinala Andrew Milner,

> é somente nas democracias industriais modernas que "cultura" e "sociedade" ficam excluídas tanto da política como da economia ... a sociedade moderna é entendida como distinta e incomumente associal, sua vida econômica e política caracteristicamente "sem normas" e "sem valores", em resumo, inculta.[29]

Nossa própria noção de cultura baseia-se, assim, em uma alienação peculiarmente moderna do social em relação ao econômico, o que significa em relação à vida material. Só numa

---

29  MILNER, A. *Cultural Materialism*. Melbourne: 1993. p.3-5.

sociedade cuja existência cotidiana parece desprovida de valor podia a "cultura" vir a excluir a reprodução material; porém, só desse modo podia o conceito tornar-se uma crítica dessa vida. Como comenta Raymond Williams, a cultura emerge como uma noção a partir do "reconhecimento da separação prática de certas atividades morais e intelectuais do ímpeto conduzinte a um novo tipo de sociedade". Essa noção se torna, então, "um tribunal de recursos humano, a ser colocada acima dos processos de julgamento social prático ... como uma alternativa mitigante e arregimentadora".[30] A cultura é, assim, sintomática de uma divisão que ela se oferece para superar. Como observou o cético a respeito da psicanálise, é ela própria a doença para a qual propõe uma cura.

---

30 WILLIAMS, R. *Culture and Society*, p.17.

# 2
## Cultura em crise

É difícil escapar à conclusão de que a palavra "cultura" é ao mesmo tempo ampla demais e restrita demais para que seja de muita utilidade. Seu significado antropológico abrange tudo, desde estilos de penteado e hábitos de bebida até como dirigir a palavra ao primo em segundo grau de seu marido, ao passo que o sentido estético da palavra inclui Igor Stravinsky mas não a ficção científica. A ficção científica pertence à cultura popular ou "de massa", uma categoria que paira ambiguamente entre o antropológico e o estético. Em contraposição, poder-se-ia considerar o significado estético nebuloso demais, e o antropológico, limitado demais. O sentido de cultura de Matthew Arnold – como perfeição, encanto e luz, o melhor do que já foi concebido e dito, ver o objeto como ele realmente é etc. – é embaraçosamente impreciso, ao passo que se cultura significa apenas o modo de vida de fisioterapeutas turcos então ela parece desconfortavelmente específica. Minha tese neste livro é que estamos presos, no momento, entre uma noção de cultura debilitantemente ampla e outra desconfortavelmente rígida, e que nossa necessidade mais urgente nessa área é ir além de ambas. Margaret Archer observa que o conceito de cultura exibiu "o mais fraco desenvolvimento analítico dentre todos os conceitos-chaves da sociologia e desempenhou o papel mais descontroladamente vacilante na teoria sociológica".[1] Um exemplo característico é a assertiva de Edward Sapir de que "a cultura é definida em termos de formas de comportamento, e o conteúdo da cultura é feito dessas formas, das quais existe um número incontável".[2] Seria difícil apresentar uma definição mais resplandecentemente vazia.

Mas quanto inclui, de qualquer forma, a cultura como modo de vida? Poderia um modo de vida ser demasiadamente amplo e diverso para que se falasse dele como cultura, ou ser pequeno demais? Raymond Williams vê o alcance de uma cultura "como geralmente proporcional à área de disseminação de uma linguagem, em vez de à área de uma classe",[3] embora isso seja certamente duvidoso: a língua inglesa abarca muitas culturas, e a cultura pós-moderna abrange um âmbito diverso de linguagens. Para Andrew Milner, a cultura australiana consiste em "maneiras caracteristicamente australianas de fazer as coisas: a praia e a churrascada, companheirismo e machismo, Hungry Jack's,* o sistema de tribunais de arbitragem e o futebol australiano**".[4] Mas "característico" aqui não pode significar "peculiar", já que o

---

1 ARCHER, M. S. *Culture and Agency*. Cambridge: 1996. p.l.
2 SAPIR, E. *The Psychology of Culture*. Nova Iorque: 1994. p.84. Para um conjunto diverso de definições de cultura, ver KROEBER, A. L., KLUCKHOHN, C. Culture: A Critical Review of Concepts and Definitions, *Papers of the Peabody Museum of American Archaeology and Ethnology*, Harvard: 1952, v.47.
3 WILLIAMS, R. *Culture and Society 1780-1950*. p.307.
* Hungry Jack's: franquia australiana da Burger King Corporation, funcionando na Austrália desde 1971. (N. R.)
** *Australian rules football*: esporte semelhante ao rúgbi, em que competem dois times de 18 jogadores. (N. R.)
4 MILNER, A. *Cultural Materialism*. p.1.

machismo, infelizmente, não está limitado à Austrália, nem tampouco o estão praias e churrascadas. A lista sugestiva de Milner mistura itens que são peculiares à Austrália com outros, não peculiares, que são nela importantes. A "cultura britânica" inclui o Castelo de Warwick, mas usualmente não a manufatura de canos de esgoto, o "almoço de lavrador",* mas não o salário de um lavrador. Apesar do alcance aparentemente ilimitado da definição antropológica, algumas coisas são consideradas demasiado mundanas para serem culturais, ao passo que outras são demasiado inespecíficas. Já que os ingleses fabricam canos de esgoto da mesma maneira que os japoneses, sem vestir nenhum encantador traje nacional e sem cantar baladas tradicionais animadoras durante o processo, a fabricação de canos de esgoto é excluída da categoria da cultura tanto por ser demasiadamente prosaica como por ser não específica demais. Todavia, o estudo da cultura nuer ou tuaregue poderia realmente incluir a economia da tribo. E se cultura significa tudo que é humanamente construído ao invés de naturalmente dado, então isso deveria logicamente incluir a indústria assim como a mídia, formas de fazer patos de borracha assim como maneiras de fazer amor ou de se divertir.

Talvez práticas como a manufatura de canos de esgoto deixem de ser culturais porque não são práticas *significativas*, uma definição semiótica de cultura que foi efemeramente popular nos anos 70. Clifford Geertz, por exemplo, vê a cultura como as redes de significação nas quais está suspensa a humanidade.[5] Raymond Williams escreve sobre a cultura como "o sistema significante através do qual ... uma ordem social é comunicada, reproduzida, experienciada e explorada".[6] Por detrás dessa de-

---

\* *Ploughman's lunch*: lanche frio servido especialmente em *pubs* ingleses, incluindo tipicamente pão, queijo e cebolas em conserva. (N. R.)

5 GEERTZ, C. *The Interpretation of Cultures*. Londres: 1975. p.5.

6 WILLIAMS, R. *Culture*. Glasgow: 1981. p.13.

finição está um sentido estruturalista da natureza *ativa* da significação, o qual está de acordo com a insistência proto-pós-marxista de Williams de que a cultura é constitutiva de outros processos sociais, em vez de meramente refleti-los ou representá-los. Esse tipo de formulação tem a vantagem de ser suficientemente específico para significar alguma coisa ("significante"), mas amplo o suficiente para ser não elitista. Poderia incluir tanto Voltaire como anúncios de vodca. Mas se a fabricação de carros fica fora dessa definição, o mesmo acontece com o esporte, que, como qualquer prática humana, envolve significação, mas dificilmente estaria na mesma categoria cultural que as epopeias homéricas e os grafites. Com efeito, Williams tem aqui cuidado em distinguir os diferentes graus de significação, ou melhor, os diferentes coeficientes entre significação e o que ele chama "necessidade". Todos os sistemas sociais envolvem significação, mas existe uma diferença entre a literatura e, digamos, a cunhagem de moedas, em que o fator de significação está "dissolvido" no fator funcional, ou entre a televisão e o telefone. Habitação é uma questão de necessidade, mas só se torna um sistema significativo quando distinções sociais começam a tomar grande vulto dentro dele. Um sanduíche engolido às pressas difere da mesma maneira de uma refeição saboreada descansadamente no Ritz. Praticamente ninguém janta no Ritz só porque está com fome. Todos os sistemas sociais, portanto, envolvem significação, mas nem todos eles são sistemas significantes ou "culturais". Essa é uma distinção valiosa, pois evita definições de cultura tanto ciumentamente exclusivas como inutilmente inclusivas. Mas é realmente uma reformulação da tradicional dicotomia estético/instrumental, e suscetível a receber o mesmo tipo de objeção que esta costumava atrair.

A cultura pode ser aproximadamente resumida como o complexo de valores, costumes, crenças e práticas que constituem o modo de vida de um grupo específico. Ela é "aquele todo

A ideia de cultura

complexo", como escreve o antropólogo E. B. Tylor em uma célebre passagem de seu *Primitive culture* [Cultura primitiva], "que inclui conhecimento, crença, arte, moral, lei, costume e quaisquer outras capacidades e hábitos adquiridos pelo ser humano como um membro da sociedade".[7] No entanto, "quaisquer outras capacidades" é uma formulação imprudentemente liberal: o cultural e o social tornam-se então efetivamente idênticos. A cultura é então simplesmente tudo que não é geneticamente transmissível. Trata-se, como coloca um sociólogo, da crença de que os seres humanos "são o que lhes foi ensinado".[8] Stuart Hall propõe uma concepção de cultura igualmente generosa, como as "práticas vividas" ou "ideologias práticas que capacitam uma sociedade, grupo ou classe a experimentar, definir, interpretar e dar sentido às suas condições de existência".[9]

De outro ponto de vista, a cultura é o conhecimento implícito do mundo pelo qual as pessoas negociam maneiras apropriadas de agir em contextos específicos. Como a *phronesis* aristotélica, ela é mais um saber-como do que um saber-por quê, mais um conjunto de entendimentos tácitos ou diretrizes práticas do que um mapeamento teórico da realidade. Pode-se ver a cultura mais especificamente, nas palavras de John Frow, como "o âmbito inteiro de práticas e representações através do qual a realidade (ou realidades) de um grupo social é construída e mantida",[10] o que provavelmente excluiria a indústria da pesca, mas poderia tam-

---

7  TYLOR, E. B. *Primitive Culture*. Londres: 1871. vol.1, p.1.

8  BAUMAN, Z. Legislators and Interpreters: Culture as Ideology of Intellectuals. In: HAFERKAMP, H. (Ed.). *Social Structure and Culture*. Nova Iorque: 1989. p.315.

9  HALL, S. Culture and the State. In: Open University. *The State and Popular Culture*, Milton Keynes: 1982. p.7. Um valioso resumo de argumentos a respeito do tema cultura pode ser encontrado em BILLINGTON, R. STRAWBRIDGE, S., GREENSIDES, L., FITZSIMONS, A. *Culture and Society*: A Sociology of Culture. Londres: 1991.

10  FROW, J. *Cultural Studies and Cultural Value*. Oxford: 1995. p.3.

bém excluir o críquete. O críquete pode certamente ser parte da autoimagem de uma sociedade, mas não é exatamente uma prática de representação no sentido em que o são a poesia surrealista ou os desfiles da Ordem de Orange.*

Num de seus primeiros ensaios, Raymond Williams inclui "a ideia de um padrão de perfeição" dentre as definições clássicas de cultura.[11] Mais tarde, em *Culture and society 1780-1950* [Cultura e sociedade 1780-1950], ele apresenta quatro significados distintos de cultura: como uma disposição mental individual; como o estado de desenvolvimento intelectual de toda uma sociedade; como as artes; e como o modo de vida total de um grupo de pessoas.[12] Poder-se-ia considerar o primeiro desses como demasiado restrito e o último amplo demais, mas Williams tem um motivo político para essa definição final, já que restringir a cultura às artes e à vida intelectual é arriscar-se a excluir a classe operária dessa categoria. Entretanto, assim que a expandirmos de modo a incluir instituições – sindicatos e cooperativas, por exemplo –, poderemos argumentar legitimamente que a classe operária produziu uma cultura rica e complexa, embora não uma cultura que seja primordialmente artística. Segundo essa definição, contudo, poderia ser também preciso incluir na ideia de cultura postos do corpo de bombeiros e banheiros públi-

---

\* Orange Order, também chamada Loyal Orange Association: sociedade política protestante da Irlanda do Norte, nomeada em honra de William de Orange (depois rei William III da Inglaterra), que derrotou o rei católico James II em 1688. A Ordem foi fundada em 1795 com o objetivo de manter a supremacia protestante na Irlanda em face das reivindicações crescentes de emancipação católica. A Ordem realiza desfiles anualmente, o mais famoso no dia 12 de julho, que marca o aniversário da batalha de Aughrim, em que os generais de William III finalmente venceram na Irlanda. Os desfiles são usualmente motivo de conflitos com a população católica da Irlanda do Norte. (N. R.)

11 WILLIAMS, R. The Idea of Culture. op. cit., p.61.

12 WILLIAMS, R., *Culture and Society*, p.16.

cos, já que são também instituições – caso em que cultura se torna coextensiva de sociedade e arrisca-se a perder sua agudeza conceitual. Em certo sentido, a expressão "instituição cultural" é uma tautologia, pois não existem instituições não culturais. Poder-se-ia argumentar, entretanto, que sindicatos são instituições culturais porque expressam significados coletivos, ao passo que banheiros públicos não o fazem. Em *The long revolution* [A longa revolução], a definição de cultura de Williams inclui "a organização da produção, a estrutura da família, a estrutura das instituições que expressam ou governam as relações sociais, as formas características pelas quais os membros da sociedade se comunicam".[13] Essa definição é, sem dúvida, excessivamente generosa, não deixando quase nada de fora.

Em outro ponto da mesma obra, Williams propõe ainda outra definição de cultura como uma "estrutura de sentimento", uma noção quase paradoxal que capta o sentido de que a cultura é ao mesmo tempo definida e impalpável. Uma estrutura de sentimento "é o resultado vivo particular de todos os elementos na organização geral (de uma sociedade) ... Eu definiria a teoria da cultura como o estudo das relações entre os elementos de um modo de vida total".[14] A "estrutura de sentimento", com sua audaciosa junção do objetivo e do afetivo, é uma maneira de tentar transpor a dualidade da cultura, ao mesmo tempo realidade material e experiência vivida. De qualquer modo, a complexidade da ideia de cultura não é em lugar algum mais vividamente demonstrada que no fato de seu mais eminente teórico

---

13  WILLIAMS, R. *The Long Revolution*. Londres: 1961 (reimpr. Harmondsworth, 1965). p.42.

14  Ibidem, p.64 e 63. Se me é permitido acrescentar aqui uma observação pessoal, Williams descobriu a noção de ecologia muito antes de ela ter virado moda, e certa vez descreveu-a a mim, que nunca tinha ouvido falar dela antes, como "o estudo da inter-relação dos elementos em um sistema vivo". Isso é interessantemente próximo de sua definição de cultura aqui.

na Grã-Bretanha do pós-guerra, Raymond Williams; defini-la em diferentes ocasiões como significando um padrão de perfeição, uma disposição mental, as artes, desenvolvimento intelectual em geral, um modo de vida total, um sistema significante, uma estrutura de sentimento, a inter-relação de elementos de um modo de vida, e simplesmente tudo, desde produção econômica e família até instituições políticas.

De maneira alternativa, pode-se tentar definir cultura funcionalmente em vez de substantivamente, como tudo o que for supérfluo com relação às exigências materiais de uma sociedade. Segundo essa teoria, a comida não é cultural, mas tomates secos são; o trabalho não é cultural, mas usar sapatos ferrados ao trabalhar é. Na maioria dos climas, usar roupas é uma questão de necessidade física, mas que tipos de roupas se usa não é. Há algo positivo nessa ideia de cultura como supérfluo, a qual não está longe do coeficiente de Williams entre significação e necessidade, mas o problema de distinguir o que é do que não é supérfluo é decididamente desanimador. Pode bem ser que as pessoas se revoltem mais facilmente por causa de tabaco ou taoísmo do que o fariam por causa de assuntos materialmente mais urgentes. E, uma vez que a produção cultural tenha se tornado parte da produção de mercadorias em geral, fica mais difícil do que nunca dizer onde termina o reino da necessidade e começa o reino da liberdade. Na verdade, como a cultura no sentido mais restrito tem sido comumente usada para legitimar o poder – isto é, usada como ideologia –, isso, de algum modo, sempre foi assim.

Na nossa própria época, o conflito entre os sentidos mais amplo e mais restrito de cultura assumiu uma forma particularmente paradoxal. O que aconteceu é que uma noção local e bastante limitada de cultura começou a proliferar universalmente. Como assinala Geoffrey Hartman em *The fateful question of culture* [A questão fatídica da cultura], nós temos agora "cultura da fotografia, cultura das armas de fogo, cultura da prestação de serviços, cultura de museu, cultura de surdos, cultura do futebol ... a cultura da dependência, a cultura da dor, a cultura da amnésia etc".[15] Uma expressão como "cultura dos cafés" significa não só que as pessoas frequentam cafés, mas que algumas pessoas os frequentam como um modo de vida, o que presumivelmente não fazem quando se trata de seus dentistas. Pessoas que pertencem ao mesmo lugar, profissão ou geração nem por isso constituem uma cultura; elas o fazem somente quando começam a compartilhar modos de falar, saber comum, modos de proceder, sistemas de valor, uma autoimagem coletiva. Seria estranho dizer de três pessoas que constituem uma cultura, mas não de trezentas ou três milhões. A cultura de uma corporação inclui sua regulamentação sobre licenças de saúde, mas não seu encanamento; inclui sua distribuição hierárquica dos locais de estacionamento, mas não o fato de que usa computadores. Ela abrange aqueles aspectos dessa corporação que encarnam um modo característico de ver o mundo, mas não necessariamente um modo de ver singular.

No que diz respeito a amplitude e estreiteza, esse uso combina o pior e o melhor das duas coisas. "Cultura da polícia" é, ao mesmo tempo, nebuloso demais e exclusivo demais, abrangendo indiscriminadamente tudo que os oficiais de polícia fazem, mas dando a entender que bombeiros ou dançarinos de *flamenco* são uma classe completamente diferente. Se a cultura já foi uma noção por demais rarefeita, ela agora tem a flacidez de um termo que deixa de fora muito pouco. Mas, ao mesmo tempo, ela se tornou superespecializada, refletindo obedientemente a fragmentação da vida moderna em vez de, como no caso de um conceito mais clássico de cultura, procurar consertá-la. "Com uma autoconsciência nunca antes testemunhada (fortemente estimulada pelos literatos)", escreve um comentarista, "cada povo

---

15  HARTMAN, G. *The Fateful Question of Culture*. p.30.

concentra-se agora em si mesmo, posicionando-se contra os outros em sua linguagem, suas artes, sua literatura, sua filosofia, sua civilização, sua 'cultura'".[16] Isso bem poderia ser uma descrição, digamos, da política de identidade contemporânea, embora date, na verdade, de 1927, sendo seu autor o intelectual francês Julien Benda.

É perigoso afirmar que a ideia de cultura está em crise hoje em dia, pois quando é que ela não esteve? Cultura e crise andam de mãos dadas como o Gordo e o Magro. Mesmo assim, esse conceito passou lentamente por uma mudança importante, que Hartman formula como o conflito entre cultura e *uma* cultura, ou, se se preferir, entre Cultura e cultura. Tradicionalmente, cultura era uma maneira pela qual podíamos submergir nossos particularismos mesquinhos em algum meio mais espaçoso e completamente inclusivo. Como forma de um sujeito universal, ela designava aqueles valores que compartilhávamos simplesmente em virtude de nossa humanidade comum. Se a cultura como as artes era importante, era porque destilava esses valores em uma forma convenientemente portátil. Ao ler ou ver ou escutar, nós deixávamos em suspenso nossos eus empíricos, com todas as suas contingências sociais, sexuais e étnicas, e dessa forma nos tornávamos nós mesmos sujeitos universais. O ponto de vista da alta cultura, como o do Todo-Poderoso, era a visão a partir de toda a parte e de lugar nenhum.

Desde a década de 1960, entretanto, a palavra "cultura" foi girando sobre seu eixo até significar quase exatamente o oposto. Ela agora significa a afirmação de uma identidade específica – nacional, sexual, étnica, regional – em vez da transcendência desta. E já que essas identidades todas veem a si mesmas como oprimidas, aquilo que era antes concebido como um reino de consenso foi transformado em um terreno de conflito. Cultura,

---

16  BENDA, J. *The Treason of the Intellectuals*. Paris: 1927. p.29.

em resumo, deixou de ser parte da solução para ser parte do problema. Não é mais um meio de resolver rivalidades políticas, uma dimensão mais elevada ou mais profunda na qual pudéssemos encontrar um ao outro puramente como humanos; ao invés disso, tornou-se parte do próprio léxico do conflito político. "Longe de ser um reino plácido de cortesia apolínea", escreve Edward Saïd, "a cultura pode até mesmo ser um campo de batalha no qual as causas se expõem publicamente e combatem uma contra a outra".[17] Para as três formas de política radical que dominaram a agenda global durante as últimas décadas – nacionalismo revolucionário, feminismo e luta étnica –, a cultura como sinal, imagem, significado, valor, identidade, solidariedade e autoexpressão é a própria moeda corrente do combate político, e não sua alternativa olímpica. Na Bósnia ou em Belfast, cultura não é apenas o que se coloca no toca-fitas; é aquilo por que se mata. O que a cultura perde em sublimidade, ela ganha em praticabilidade. Nessas circunstâncias, seja isso positivo ou negativo, nada poderia ser mais espúrio do que a acusação de que a cultura está soberbamente distante da vida cotidiana.

Alguns críticos literários, refletindo fielmente essa mudança sísmica de significado, abandonaram em consequência disso o drama da época Tudor, atirando-se em revistas para adolescentes, ou trocaram seu Pascal por pornografia. Há algo um tanto preocupante no espetáculo daqueles treinados para reconhecer uma rima encadeada ou um dátilo discursando sobre o sujeito pós-colonial, o narcisismo secundário ou o modo de produção asiático, assuntos que se poderia preferir ver em mãos não tão elegantemente manicuradas. Mas o fato é que muitos dos assim chamados especialistas, como se dá com intelectuais traidores, abriram mão de tais questões, jogando-as assim no colo daqueles que estão talvez menos preparados para considerá-las. Uma educação literária tem muitas virtudes, mas o pensamento sistemá-

---

17 SAÏD, E., *Culture and Imperialism*. p.xiv.

tico não é uma delas. Esse passo da literatura para a cultura política, entretanto, não é de modo algum simplesmente incongruente, já que o que liga esses campos é a ideia de subjetividade. Cultura significa o domínio da subjetividade social – um domínio que é mais amplo do que a ideologia porém mais estreito do que a sociedade, menos palpável do que a economia porém mais tangível do que a Teoria. Não é, assim, ilógico, embora provavelmente seja imprudente acreditar que aqueles que são treinados em uma ciência da subjetividade – a crítica literária – sejam os melhores preparados para discutir o emblema dos Hell's Angels ou a semiótica dos *shopping centers*.

No apogeu da burguesia europeia, a Literatura tinha um papel-chave na formação dessa subjetividade social, e um crítico literário, portanto, desempenhava um papel que não era de modo algum politicamente insignificante. Certamente não o era no caso de Johnson ou Goethe, Hazlitt ou Taine. O problema era que o que dava uma expressão mais sutil a esse mundo subjetivo – as artes – era também um fenômeno raro, limitado a uma minoria privilegiada, de modo que, com o passar do tempo, ficou difícil saber se, na qualidade de crítico, alguém era absolutamente fundamental ou completamente supérfluo. A cultura nesse sentido era um paradoxo intolerável, ao mesmo tempo supremamente importante e – já que poucos davam-lhe mais do que um reconhecimento passageiro – quase sem importância nenhuma. Podia-se sempre ver esses opostos como interdependentes: o fato de que a plebe e os filisteus não dispunham de tempo para a cultura era o testemunho mais eloquente possível de seu valor. Mas isso colocava o crítico numa posição de permanente discordância, nunca o lugar mais confortável para se estar. A transição de Cultura para cultura resolveu esse problema preservando uma postura discordante mas combinando-a com uma postura populista. Agora era toda uma subcultura que era crítica, mas dentro desse modo de vida as artes desempenhavam um papel largamente positivo. Podia-se, assim, ser um *outsider* e saborear ao mesmo tempo as delícias da solidariedade, coisa que o protótipo do *poète maudit* não podia.

A natureza radical dessa mudança de significado dificilmente pode ser atenuada, pois não se pretendia que a cultura no seu sentido mais clássico fosse apenas apolítica: na verdade, ela fora estabelecida como a própria antítese da política. Ela não era apenas contingentemente apolítica, mas sim constitutivamente. Pode-se quase apontar com precisão o momento na história literária inglesa, em alguma ocasião entre Shelley e Tennyson em sua fase inicial, em que a "poesia" é redefinida como o próprio oposto do público, do prosaico, do político, do discursivo, do utilitário. Talvez toda sociedade crie para si mesma um espaço em que, por um momento afortunado, pode ficar livre desses assuntos mundanos e meditar em vez disso sobre a própria essência do humano. Os nomes dados a esse espaço são historicamente variados: pode-se chamá-lo de mito, religião, filosofia idealista ou, mais recentemente, Cultura, Literatura ou as Ciências Humanas. A religião, que forja uma relação entre nossa experiência mais íntima e as questões mais fundamentais da existência, como, por exemplo, por que existe alguma coisa ao invés de apenas nada, serviu em sua época extremamente bem a esse propósito. Na verdade, ainda o faz em sociedades devotas, tementes a Deus, tal como os Estados Unidos, onde a religião tem uma proeminência ideológica difícil de acreditar para um europeu. A cultura no sentido mais especializado, criatura frágil que é, está muito menos robustamente equipada para realizar essas funções; e quando se espera demais dela – quando é requisitada a se tornar um pobre substituto para Deus, para a metafísica ou para a política revolucionária –, ela bem pode começar a revelar sintomas patológicos.

A inflação da cultura é, assim, parte da história de uma época secularizada, visto que, de Arnold em diante, a Literatura – justamente a Literatura! – herda as pesadas tarefas éticas, ideológicas e mesmo políticas que tinham sido uma vez confiadas a discursos mais técnicos ou práticos. O capitalismo industrial, com sua tendência racionalizadora e secularizante, não pode evitar levar seus próprios valores metafísicos ao descrédito, minando assim o próprio fundamento de que essa atividade secular necessita para legitimar a si mesma. Mas se a religião está perdendo seu poder sobre as massas trabalhadoras, a Cultura está à mão como um substituto de segunda classe, e é esse ponto crítico histórico que a obra de Arnold marca. A ideia não é totalmente implausível: se a religião oferece culto, simbolismo sensível, unidade social, identidade coletiva, uma combinação de moralidade prática e idealismo espiritual, bem como um vínculo entre os intelectuais e o populacho, a cultura também o faz. Mesmo assim, a cultura é uma alternativa lamentável para a religião por pelo menos duas razões. Em seu sentido artístico mais restrito, ela é limitada a uma percentagem insignificante da população, e em seu sentido social mais amplo, é exatamente o ponto em que homens e mulheres menos estão em harmonia. Cultura, neste último sentido de religião, nacionalidade, sexualidade, etnicidade etc., é um campo de batalha feroz; de modo que, quanto mais prática se torna a cultura, menos é capaz de cumprir um papel conciliatório, e quanto mais conciliatória ela é, mais ineficaz se torna.

Sagaz e desencantado, o pós-modernismo opta pela cultura como conflito real em vez de como reconciliação imaginária. Nisso, obviamente, ele não é original; o marxismo, por exemplo, já o havia antecipado há muito. Mesmo assim, é difícil superestimar os efeitos escandalosos de contestar dessa forma a ideia tradicional de cultura. Isso porque essa ideia, como vimos, foi constituída precisamente como o polo oposto do social e do material, e se os materialistas puderem pôr suas patas imundas até mesmo nisso, então nada mais é sagrado, muito menos o sagrado. A cultura era onde o próprio valor havia procurado abrigo numa ordem social empedernidamente indiferente a ele, e se mesmo esse enclave ciumentamente patrulhado podia sofrer o ataque

A ideia de cultura

de historiadores e materialistas, então o que estava sitiado parecia ser nada menos que o próprio valor humano. Pelo menos parecia assim para aqueles que, já há muito, haviam deixado de discernir valor em qualquer lugar do mundo exterior às artes.

Ninguém fica muito surpreendido quando a sociologia ou a economia se tornam "políticas": espera-se que essas investigações inerentemente sociais levantem essas questões. Mas politizar a cultura pareceria destituí-la de sua própria identidade e, assim, destruí-la. É sem dúvida por essa razão que, em nossa época, tanta poeira foi levantada com tanta veemência em torno daquele discurso acadêmico relativamente inofensivo conhecido como teoria literária. Se houve tanto sangue derramado nos tapetes das salas de professores em departamentos universitários, parte dele alarmantemente parecido com o meu próprio, então dificilmente poderia ser porque alguém no grande esquema das coisas se preocupa muito se sua abordagem da poesia de *Sir* Walter Raleigh é feminista ou marxista, fenomenológica ou desconstrutivista. Essas não são questões em torno das quais alguém em Whitehall ou na Casa Branca tenda a perder o sono, ou mesmo assuntos de que seus professores da faculdade provavelmente sejam capazes de se lembrar um ano depois de você ter concluído a graduação. Mas não é tão provável que as sociedades tendam a encarar com tal compostura serena aqueles que parecem debilitar os próprios valores pelos quais justificam o seu poder. E isso, com efeito, é um dos principais significados da palavra "cultura".

Ainda assim, o sentido de cultura dos pós-modernistas não está inteiramente distante da noção universalista que tão cabalmente denunciam. Em primeiro lugar, nenhum desses dois conceitos de cultura é realmente autocrítico. Do mesmo modo como a alta cultura supõe, como um varejista de liquidação, que não pode ser superada meramente no que diz respeito ao valor, também as produções artísticas dos criadores de pombos do West Yorkshire devem afirmar o valor da cultura de criação de pom-

65

bos do West Yorkshire, e não colocá-la em dúvida. Em contrapartida, as culturas nesse sentido pós-moderno frequentemente são universais concretos, versões localizadas do próprio universalismo que denunciam. Os criadores de pombos do West Yorkshire podem sem dúvida ser exatamente tão conformistas, exclusivistas e autocráticos quanto o mundo mais amplo que habitam. Uma cultura pluralista tem que ser de qualquer forma exclusivista, já que precisa excluir os inimigos do pluralismo. E uma vez que as comunidades marginais tendem a considerar a cultura mais ampla sufocantemente opressiva, com frequência por excelentes razões, elas podem vir a compartilhar aquela aversão pelos hábitos da maioria que é uma característica permanente da cultura "elevada" ou estética. O aristocrata e o dissidente podem assim dar-se as mãos sobre as cabeças da pequena burguesia. Do ponto de vista de ambos, elitistas e não conformistas, os subúrbios parecem um lugar extraordinariamente estéril.

A profusão de subculturas que constitui os ironicamente intitulados Estados Unidos pode, à primeira vista, dar testemunho de uma diversidade atraente. Mas já que algumas dessas subculturas são unificadas pelo seu antagonismo a outras, elas podem ter êxito em transpor para termos locais o fechamento global que detestam na noção clássica de cultura. Na pior das hipóteses, o resultado é uma espécie de conformismo pluralizado, no qual o universo único do iluminismo, com a sua autoidentidade e lógica coercitiva, é desafiado por toda uma série de minimundos exibindo em miniatura quase as mesmas características. O comunitarismo é um exemplo característico: em vez de sermos tiranizados por uma racionalidade universal, somos agora acossados pelos vizinhos mais próximos. Enquanto isso, o sistema político dominante pode criar coragem com o fato de que não tem apenas um oponente, mas uma coleção heterogênea de adversários desunidos. Se essas subculturas protestam contra as alienações da modernidade, também as reproduzem na sua própria fragmentação.

A ideia de cultura

Os apologistas dessa política de identidade repreendem os guardiões do valor estético por aumentarem excessivamente a importância da cultura como arte. Entretanto, eles mesmos exageram o papel da cultura como política. A cultura é na verdade parte integral do tipo de política que ocupa uma alta posição na agenda do pós-modernismo, mas isso é porque este último favorece apenas esse tipo de política. Existem muitas outras contendas políticas – greves, campanhas anticorrupção, protestos antiguerra – para as quais a cultura é muito menos importante, o que não quer dizer que seja irrelevante. Ainda assim, um pós-modernismo que supostamente tudo abrange tem muito pouco a dizer sobre a maioria delas. Os estudos culturais hoje, escreve Francis Mulhern, "não deixam nenhum espaço para a política além da prática cultural, nem para a solidariedade política além dos particularismos da diferença cultural".[18] Eles deixam de ver não apenas que nem todas as questões políticas são culturais, mas que nem todas as diferenças culturais são políticas. E subordinando assim questões de Estado, classe, organização política e o restante a questões culturais, acabam repetindo os preconceitos da própria *Kulturkritik* tradicional que rejeitam – a qual, por sua vez, dispunha de muito pouco tempo para essas questões políticas mundanas. Uma agenda política caracteristicamente norte-americana é universalizada por um movimento para o qual o universalismo é anátema. O que a *Kulturkritik* e o culturalismo atual também compartilham é uma falta de interesse por aquilo que se situa, politicamente falando, para além da cultura: o aparato estatal de violência e de coerção. Entretanto é isso, e não a cultura, que com maior probabilidade causará afinal o malogro das mudanças radicais.

A cultura nesse sentido com letra minúscula, como identidade ou solidariedade, tem alguma afinidade com o sentido an-

---

18 MULHERN, F. The Politics of Cultural Studies. In: WOOD, E. M., FOSTER, J. B. (Eds.) *In Defense of History*. Nova Iorque: 1997. p.50.

tropológico do termo. Mas sente-se desconfortável com o que ela vê como o viés normativo deste último, assim como com o seu organicismo nostálgico. Ela é igualmente hostil à disposição normativa da cultura estética, assim como ao seu elitismo. A cultura não é mais, no sentido exaltado de Matthew Arnold, uma crítica da vida, mas a crítica de uma forma de vida dominante ou majoritária por parte de uma forma de vida periférica. Enquanto a alta cultura é o oposto ineficaz da política, a cultura como identidade é a continuação da política por outros meios. Para a Cultura, a cultura é ignorantemente sectária, ao passo que para a cultura a Cultura é fraudulentamente desinteressada. A Cultura é etérea demais para a cultura, e a cultura mundana demais para a Cultura. Nós parecemos divididos entre um universalismo vazio e um particularismo cego. Se a Cultura é por demais desabrigada e desincorporada, a cultura é muito mais exageradamente ansiosa por uma habitação local.

Em *The fateful question of culture*, Geoffrey Hartman, escrevendo como um judeu alemão emigrado para os Estados Unidos, recusa-se a idealizar a noção de diáspora à maneira dos pós-modernistas mais imaturos. "A condição de viver sem uma terra natal", escreve ele, "é sempre uma maldição", um remoque oportuno àqueles para quem a apatridia está próxima da santidade. A formação de Hartman, porém, torna-o igualmente cético a respeito de ideias *völkisch* de cultura como integridade e identidade, a respeito daquilo que aplaca nosso desejo espiritual de pertencer a algo. O oposto dessa corporificação local é o judeu: sem fundamento seguro, desarraigado, sinistramente cosmopolita e, assim, um escândalo para o *Kulturvolk*. A cultura para a teoria pós-moderna pode ser agora um assunto dissidente, de minoria, ao lado do judeu em vez de ao lado do responsável pela limpeza étnica; ainda assim, a própria palavra está contaminada pela história dessa limpeza. A palavra que designa a forma mais complexa de refinamento humano também se liga, no período nazista, com a mais execrável degradação humana.

Se cultura significa a crítica de impérios, também significa a construção deles. E enquanto a cultura em suas formas mais virulentas celebra alguma essência pura de identidade de grupo, a Cultura no seu sentido mais pedante, ao renegar desdenhosamente o político como tal, pode ser uma cúmplice criminosa deste. Como observou Theodor Adorno, o ideal de Cultura como integração absoluta encontra sua expressão lógica no genocídio. As duas formas de cultura são também semelhantes em suas pretensões de serem apolíticas: a alta cultura, porque transcende os assuntos cotidianos; a cultura como identidade coletiva, porque (em algumas, senão em todas as formulações) coloca-se abaixo da política em vez de acima dela, nas texturas de um modo de vida instintivo.

Não obstante, a Cultura como cúmplice criminosa é apenas um lado da história. De um lado, há muito na Cultura que presta testemunho contra o genocídio. De outro, cultura significa não apenas uma identidade exclusivista, mas refere-se também àqueles que protestam coletivamente contra uma tal identidade. Se houve uma cultura do genocídio nazista, também houve uma cultura da resistência judia. Uma vez que ambos os sentidos da palavra são ambivalentes, nenhum deles pode ser simplesmente mobilizado contra o outro. A brecha entre Cultura e cultura não é uma brecha cultural, não podendo ser abolida simplesmente por meios culturais, como Hartman parece ansiosamente esperar. Ela tem suas raízes numa história material – em um mundo que está, ele próprio, dividido entre o universalismo vazio e o particularismo estreito, entre a anarquia das forças globais do mercado e aqueles cultos de diferença local que lutam para resistir a elas. Quanto mais predatórias são as forças que fazem cerco a essas identidades locais, mais patológicas se tornam essas identidades. Esse combate vigoroso deixa sua marca também em outras discussões intelectuais – nas batalhas entre o moral e o ético, entre os defensores da obrigação e os campeões da virtude, entre os kantianos e os comunitaristas. Em todos esses casos, estamos sendo puxados entre o alcance global do espírito e as limitações de nossa condição de criaturas.

Uma das palavras-chaves para o alcance global do espírito é a imaginação, e talvez nenhum termo no léxico crítico-literário tenha tido um caráter mais irreservadamente positivo. Tal como "comunidade", "imaginação" é uma dessas palavras que todos aprovam, o que já basta para que se fique obscuramente desconfiado dela. A imaginação é a faculdade pela qual alguém pode empatizar com outros – pela qual, por exemplo, pode-se andar às apalpadelas dentro do território desconhecido de uma outra cultura. Na verdade, de *qualquer* outra cultura, uma vez que essa faculdade é de alcance universal. Mas isso deixa não resolvida a questão sobre onde você, em contraposição a eles, está realmente situado. Em certo sentido, a imaginação não representa absolutamente nenhuma posição: ela vive apenas no seu vibrante sentimento de companheirismo com os outros e, como a "capacidade negativa" de Keats, pode penetrar, favoravelmente disposta, em qualquer forma de vida. Como o Todo-Poderoso, portanto, essa capacidade quase divina pareceria ser ao mesmo tempo tudo e nada, estar em toda a parte e em lugar algum – um puro vazio do sentir, sem uma firme identidade própria, alimentando-se como um parasita das formas de vida dos outros, mas transcendendo essas formas de vida na sua própria capacidade auto-obliterante de penetrar em cada uma delas por seu turno. A imaginação, assim, centra e descentra ao mesmo tempo, conferindo a você uma autoridade universal precisamente por esvaziá-lo de identidade distintiva. Ela não deve ser contada entre as culturas que explora, já que não é nada além da atividade de explorá-las. A imaginação tem, assim, uma promiscuidade que faz com que ela seja menos do que uma identidade estável, mas tem também uma multiformidade volúvel a que essas identidades estáveis não podem se alçar. Ela é menos uma identidade em si do que um conhecimento de todas as identidades e, portanto, é ainda mais uma identidade no próprio ato de ser menos.

A ideia de cultura

Não é difícil detectar nessa doutrina uma forma liberal de imperialismo. Em certo sentido, o Ocidente não tem uma identidade distintiva própria, porque não precisa de uma. A melhor coisa em ser um governante é que não se precisa preocupar-se sobre quem se é, já que, iludidamente, acredita-se que já se sabe. São as outras culturas que são diferentes, ao passo que a nossa própria forma de vida é a norma e, portanto, não é absolutamente uma "cultura". Ela é antes o padrão pelo qual outros modos de vida mostram-se precisamente *como* culturas, em toda a sua encantadora ou alarmante unicidade. Não se trata de uma questão de cultura ocidental, mas de civilização ocidental, uma expressão que, em certo sentido, sugere que o Ocidente é um modo de vida particular e, num outro sentido, que ele é simplesmente o lugar de um modo de vida universal. A imaginação, ou o colonialismo, significa: aquilo que as outras culturas conhecem são elas mesmas; aquilo que você conhece são elas. Se isso deixa você desconfortavelmente menos tranquilo do que elas, também lhe dá uma vantagem cognitiva e política sobre elas, da qual o resultado prático é que elas, também, têm pouca chance de ficar tranquilas por muito tempo.

O encontro colonialista é, desse modo, um encontro da Cultura com a cultura – de um poder que é universal, mas por isso mesmo incomodamente difuso e instável, com um estado de ser que é provinciano, mas seguro, ao menos até que a Cultura ponha nele as suas mãos bem tratadas. Pode-se constatar a relevância disso para o assim chamado multiculturalismo. A sociedade é constituída por culturas distintas e, em certo sentido, não é nada além disso; entretanto, ela é também uma entidade transcendente chamada "sociedade", que não aparece em parte alguma como uma cultura específica mas que é a medida e a matriz de todas elas. Nesse sentido, a sociedade é antes como a obra de arte da estética clássica, que, analogamente, não é nada além de seus particulares únicos, mas que é também a lei secreta destes. Existe em algum lugar um conjunto implícito de critérios que determina o que deve contar como cultura, que direitos locais lhe podem ser concedidos etc.; mas essa autoridade oculta não pode ser ela mesma encarnada, já que não é ela mesma uma cultura e sim as próprias condições de possibilidade de uma cultura. Como a imaginação, ou a *folie de grandeur* do colonialismo, ela é aquilo que habita em todas as culturas, mas somente porque transcende todas elas.

Existe, de fato, um vínculo interno entre a imaginação e o Ocidente. Richard Rorty escreve que

> Segurança e simpatia andam de mãos dadas, pelas mesmas razões que o fazem a paz e a produtividade econômica. Quanto mais difíceis são as coisas, quanto mais houver das quais você tem que ter medo, tanto mais perigosa é a sua situação, tanto menos você pode se permitir o tempo ou o esforço para pensar sobre como as coisas poderiam ser para pessoas com quem você não se identifica imediatamente. A educação sentimental só funciona com pessoas que podem se permitir relaxar o suficiente para ouvir.[19]

Valendo-se desse ponto de vista materialista extraordinariamente realista, só podemos ser imaginativos se formos abastados. É a abundância que nos liberta do egoísmo. Em um estado de escassez, achamos difícil erguer-nos acima de nossas necessidades materiais; só com o advento de um excedente material é que podemos deslocar-nos para dentro daquele excedente imaginativo que é saber qual é a sensação de ser um outro. Como na "civilização" do século XVIII, mas ao contrário da "cultura" do século XIX, os progressos espiritual e material vão aqui de mãos dadas. Somente o Ocidente pode ser nos dias de hoje verdadeiramente empático, já que só ele tem tempo e o lazer para imaginar-se como um argentino ou uma cebola.

---

19 RORTY, R. Human Rights, Rationality, and Sentimentality. In: SAVIC, O. (Ed.) *The Politics of Human Rights*. Londres: 1999. p.80.

A ideia de cultura

Num certo sentido, essa teoria relativiza a Cultura: qualquer ordem social abastada pode atingi-la, e se a riqueza do Ocidente é historicamente contingente, então também o são suas virtudes civilizadas. Em outro, a teoria é para o âmbito espiritual o que a Otan é para o âmbito político. A civilização ocidental não é limitada pelas peculiaridades de uma cultura. Ela transcende todas essas culturas porque tem a capacidade de compreendê-las a partir de dentro – compreendê-las, como o hermeneuta de Schleiermacher, melhor do que elas mesmas – e, portanto, tem o direito de intervir em benefício delas próprias nos seus assuntos. Quanto mais a cultura ocidental se universaliza, tanto menos pode essa intervenção ser vista como uma cultura interferindo na outra, e tanto mais plausivelmente pode ser percebida como a humanidade pondo a sua própria casa em ordem. Isso porque na Nova Ordem Mundial, como na obra de arte clássica, a estabilidade de cada componente é necessária para o florescimento do todo. A máxima de Horácio, "nada que seja humano me é estranho", pode agora ser traduzida bem menos elegantemente como "qualquer canto atrasado do mundo é capaz de ameaçar nossos lucros".

É um erro acreditar, como Rorty, que sociedades oprimidas têm muito pouco tempo para imaginar o que os outros devem estar sentindo. Ao contrário, existem muitos casos em que o fato de serem oprimidas é exatamente o que as impele a essa simpatia. Isso é conhecido, entre outras coisas, como internacionalismo socialista, para o qual somente aliando-se a culturas igualmente oprimidas é que a própria tentativa de obter liberdade pode ter alguma esperança de sucesso. Se os irlandeses antes da independência tiveram um vivo interesse no Egito, na Índia e no Afeganistão, não foi porque não podiam pensar em nenhuma maneira melhor de desperdiçar seu tempo livre. O colonialismo é um grande gerador de simpatia imaginativa, já que coloca juntas em aproximadamente as mesmas condições as culturas mais peculiarmente variadas. É também um erro imaginar que uma cultura possa dialogar com outra apenas em virtude de alguma faculdade especial que ambas possuem além de suas peculiaridades locais. E isso porque não existem peculiaridades locais. Todas as localidades são porosas e sem margens definidas, têm áreas em comum com outros contextos dessa espécie, revelam semelhanças de família com situações aparentemente remotas, e diluem-se ambiguamente em seus igualmente diluídos arredores.

Mas isso é também porque não se precisa saltar fora da própria pele para saber o que um outro está sentindo; com efeito, há ocasiões em que é preciso antes entocar-se mais profundamente dentro dela. Uma sociedade que sofreu colonização, por exemplo, precisa apenas consultar sua própria experiência "local" para sentir solidariedade com uma outra colônia. É claro que existirão diferenças básicas; contudo, os irlandeses do início do século XX não precisavam recorrer a alguma misteriosa faculdade intuitiva para saber alguma coisa sobre como se sentiam os indianos do início do século XX. São aqueles que fetichizam as diferenças culturais que são aqui os reacionários. Foi por fazer parte de sua própria história cultural, e não por colocá-la temporariamente de lado, que essas sociedades foram capazes de ir além dela. Não é cessando de ser eu mesmo que compreendo você, pois nesse caso não haveria ninguém para efetuar essa compreensão. E sua compreensão de mim não é uma questão de reduplicar em você mesmo o que eu estou sentindo, uma suposição que poderia muito bem levantar questões espinhosas sobre como você consegue ultrapassar a barreira ontológica entre nós dois. Acreditar nisso é presumir que estou em perfeita posse de minha própria experiência, sou luminosamente transparente para mim mesmo, e o único problema é como poderia você ter acesso a essa autotransparência. Mas eu não estou, de fato, em plena posse de minha própria experiência; posso às vezes estar bastante enganado acerca do que estou sentindo, quanto mais pensando; você pode muitas vezes compreender-me melhor do que eu mes-

A ideia de cultura

mo; e a forma pela qual você me compreende é em muito a forma como compreendo a mim mesmo. Compreender não é uma forma de empatia. Não é empatizando com uma fórmula química que eu a compreendo. Não é verdade que eu seja incapaz de simpatia por um escravo simplesmente porque nunca fui escravizado, ou incapaz de avaliar os sofrimentos envolvidos em ser mulher porque não sou uma mulher. Acreditar nisso é cometer um erro grosseiramente romântico a respeito da natureza da compreensão. Mas esses preconceitos românticos, a julgar por algumas formas da política de identidade, estão claramente vivos e passando bem.

Quaisquer que sejam esses erros empáticos, é verdade que a cultura ocidental fracassa lamentavelmente quando se trata de imaginar outras culturas. Em nenhum lugar isso é mais óbvio do que no fenômeno dos alienígenas. O que é realmente sinistro a respeito dos alienígenas é justamente quão não alienígenas eles são. Eles constituem um testemunho melancólico da nossa inabilidade em conceber formas de vida radicalmente diferentes da nossa própria. Eles podem ter cabeças bulbosas e olhos triangulares, falar em um tom friamente monótono como um robô ou exalar um forte mau cheiro de enxofre, mas, fora isso, se parecem bastante com Tony Blair. Criaturas capazes de percorrer anos-luz em suas viagens revelam-se tendo cabeças, membros, olhos e vozes. Suas espaçonaves podem navegar sem problemas através de buracos negros, mas tendem a espatifar-se no deserto de Nevada. Apesar de terem sido construídas em galáxias inconcebivelmente distantes da nossa, essas naves deixam sinistras marcas de queimadura em nosso solo. Seus ocupantes mostram um interesse curiosamente familiar em examinar os órgãos genitais humanos, e tendem a transmitir mensagens vagas e prolixas sobre a necessidade de paz no mundo como um secretário-geral das Nações Unidas. Eles espiam por janelas de cozinha de seu jeito inconcebivelmente alienígena e demonstram um excitado interesse extraterrestre por dentes postiços.

75

De fato, coisa que os funcionários da imigração fariam bem em tomar nota, criaturas com quem nos podemos comunicar não são, por definição, alienígenas. Os verdadeiros alienígenas são aqueles que estiveram sentados bem em nosso colo por séculos sem que os notássemos.

Há, finalmente, outro vínculo entre cultura e poder. Nenhum poder político pode se manter satisfatoriamente por meio de pura e simples coerção. Ele perderá credibilidade ideológica demais e, assim, mostrar-se-á perigosamente vulnerável em tempos de crise. Porém, a fim de assegurar o consentimento daqueles que governa, precisa conhecê-los mais intimamente do que sob a forma de um conjunto de gráficos ou tabelas estatísticas. Já que a verdadeira autoridade envolve a internalização da lei, é na própria subjetividade humana, em toda a sua aparente liberdade e privacidade, que o poder procura se incutir. Para governar com sucesso, portanto, precisa compreender os homens e mulheres no que diz respeito a seus desejos e aversões secretos, não apenas seus hábitos eleitorais ou aspirações sociais. Se pretende regulá-los a partir de dentro, precisa também imaginá-los a partir de dentro. E nenhuma forma cognitiva é mais apta em mapear as complexidades do coração do que a cultura artística. É assim que, no transcorrer do século XIX, o romance realista se torna uma fonte de conhecimento social incomparavelmente mais vívida e complexa do que qualquer sociologia positivista. A alta cultura não é uma conspiração da classe dirigente; se ela por vezes cumpre essa função cognitiva, também pode, às vezes, frustrá-la. Todavia, obras de arte que parecem as mais inocentes no que diz respeito ao poder, na sua perseverante atenção aos impulsos do coração, podem servir ao poder precisamente por essa razão.

Ainda assim, pode ser que venhamos a olhar para trás com uma nostalgia afetuosa para esses regimes de conhecimento, que para os foucaultianos parecem ser a última palavra no que se trata de opressão insidiosa. Os poderes governantes não in-

A ideia de cultura

sistem no uso de coerção se podem assegurar um consenso; contudo, como a brecha entre ricos e pobres no mundo aumenta constantemente, toma agora vulto a perspectiva, para o próximo milênio, de um capitalismo autoritário cada vez mais amuralhado, sitiado, num panorama de decadência social, por inimigos internos e externos cada vez mais desesperados, abandonando finalmente toda a pretensão de um governo consensual em favor de uma defesa brutalmente franca do privilégio. Existem muitas forças que talvez possam opor resistência a essa perspectiva sombria, mas a cultura não tem nenhuma posição de destaque dentre elas.

# 3
## Guerras culturais

A expressão "guerras culturais" sugere batalhas campais entre populistas e elitistas, entre guardiões do cânone e partidários da *différence*, entre homens brancos mortos\* e os injustamente marginalizados. O choque entre Cultura e cultura, entretanto, já não é mais simplesmente uma batalha de definições, mas um conflito global. É uma questão de política real, não apenas de políticas acadêmicas. Não é apenas uma contenda entre Stendhal e *Seinfeld*,\*\* ou entre aqueles indivíduos rabugentos nos departamentos de Inglês que estudam finais de verso em Milton e os jovens sujeitos brilhantes que escrevem livros sobre a masturbação. Esse choque é parte da forma que assume a política mundial do novo milênio. Embora a cultura, como veremos, ainda

---

\* *Dead white males*: alusão à crítica por parte de certos movimentos (por exemplo, o feminista) de que a herança cultural greco-europeia é obra de indivíduos do sexo masculino, da raça branca e, claro, já mortos. (N. R.)

\*\* *Seinfeld*: *sitcom* da televisão norte-americana, de muito sucesso no final da década de 1990. O nome deve-se a um dos personagens centrais, o cômico Jerry Seinfeld. (N. R.)

não seja politicamente soberana, é intensamente relevante para um mundo em que a soma da riqueza dos três indivíduos mais ricos é igual à riqueza conjunta de seiscentos milhões dos mais pobres. Acontece simplesmente que as guerras culturais que importam dizem respeito a questões como limpeza étnica, e não aos méritos relativos de Racine e das novelas de televisão.

Numa expressão muito adequada, Fredric Jameson fala da "alta cultura da Otan".[1] Por que isso? A Otan, afinal, não produz uma cultura elevada do mesmo modo como produz declarações sobre sua missão, e se a alta cultura da Otan é só outra maneira de dizer "cultura ocidental", então existe uma grande porção de cultura elevada no mundo que não é absolutamente ocidental. Belas-artes e vida refinada não são um monópolio do Ocidente. Nem pode a alta cultura ser hoje em dia limitada à arte burguesa tradicional, já que abrange um campo muito mais diverso, guiado pelo mercado.[2] "Alta" certamente não significa não comercial, nem tampouco "de massa" significa necessariamente não radical. A fronteira entre "alta" e "baixa" cultura também foi corroída por gêneros como o cinema, o qual conseguiu acumular uma impressionante coleção de obras-primas ao mesmo tempo que agradava praticamente a todos.

De qualquer forma, existe muita coisa na alta cultura ocidental que se opõe às prioridades da Otan. Dante, Goethe, Shelley e Stendhal não podem ser arrastados à força para dentro da ala literária de uma aliança militar sem uma boa dose de reformulação. Aqueles radicais para quem a alta cultura é *ipso facto* reacionária esquecem que grande parte dela está bastante à esquerda do Banco Mundial. Não é em geral do conteúdo dessa cultura que os radicais deviam reclamar, mas de sua função.

---

1 JAMESON, F. Marx's Purloined Letter. In: SPRINKER, M. (Ed.) *Ghostly Demarcations*. Londres: 1999. p.51.

2 Para uma desmontagem efetiva da antítese alta cultura/baixa cultura, ver FROW J. *Cultural Studies and Cultural Value*, p.23-6.

A ideia de cultura

O que é questionável é que ela tem sido usada como o emblema espiritual de um grupo privilegiado, e não o fato de que Alexander Pope foi um tóri ou Balzac, um monarquista. Muito da cultura popular é igualmente conservador. Seria difícil demonstrar que os valores da literatura canônica como um todo dão sustentação ao *establishment* político. Homero não foi um humanista liberal, Virgílio não defendia valores burgueses, Shakespeare escreveu em favor do igualitarismo radical, Samuel Johnson aplaudiu a insurreição popular no Caribe, Flaubert menosprezava as classes médias e Tolstoi não perdia tempo com a propriedade privada.

O que importa não são as obras em si, mas a maneira como são coletivamente interpretadas, maneiras que as próprias obras dificilmente poderiam ter previsto. Tomadas em conjunto, elas são apresentadas como evidência da unidade atemporal do espírito humano, da superioridade do imaginativo sobre o real, da inferioridade das ideias com relação aos sentimentos, da verdade de que o indivíduo está no centro do universo, da relativa desimportância do público com relação à vida interpessoal, ou do prático com relação ao contemplativo e outros preconceitos modernos desse tipo. Mas poder-se-ia igualmente bem interpretá-las de modo bem diferente. Não é Shakespeare que não tem mérito, e sim apenas alguns dos usos sociais que têm sido feitos da sua obra. Um ataque à instituição da monarquia não precisa implicar que a própria rainha seja uma vilã depravada. De qualquer modo, muitos dos advogados de Dante e Goethe jamais leram deles uma só palavra. Nesse sentido, também, não é o conteúdo dessa cultura que importa, mas o que ela significa. E o que ela significa hoje, dentre outras coisas mais positivas, é a defesa de uma certa "civilidade" contra formas novas de um assim chamado barbarismo. Contudo, uma vez que essas novas formas de barbarismo, paradoxalmente, também podem ser vistas como *culturas* particulares, a polaridade Cultura *versus* cultura toma forma.

O curioso a respeito da Cultura é que ela é sem cultura: seus valores não são aqueles de qualquer forma de vida em particular, mas simplesmente os da vida humana como tal. Pode bem ser que uma cultura histórica específica conhecida como Europa seja o ponto onde essa humanidade escolheu encarnar-se em seu modo mais pleno, mas pode-se sempre sustentar que as razões históricas para isso foram puramente contingentes. De qualquer forma, já que os valores da Cultura são universais mas não *abstratos*, eles não poderiam prosperar sem alguma espécie de hábitat local. Nesse sentido, pode-se fazer um contraste entre Cultura e Razão, a qual também transcende culturas particulares mas que o faz porque é inerentemente desvinculada de lugar ou tempo. Não poderia existir uma versão peculiarmente coreana do imperativo categórico kantiano. A Cultura, ao contrário, tem uma relação irônica com seu *milieu* histórico: se precisa desse cenário para se realizar, ela também só é Cultura porque o ultrapassa em direção ao universal.

Nesse sentido, a Cultura é ela própria uma espécie de símbolo romântico, como o infinito que assume uma encarnação local. Ela é o ponto imóvel do mundo em rotação no qual se intersectam tempo e eternidade, os sentidos e o espírito, o movimento e a imobilidade. A Europa teve a sorte de ser escolhida pelo *Geist* como o lugar onde ele se fez carne, assim como o planeta Terra teve a sorte de ser selecionado como o ponto onde Deus optou por se tornar humano. Ao interpretar a Cultura, então, como ao interpretar o símbolo, devemos operar com uma espécie de codificação dupla e apreendê-la ao mesmo tempo como ela mesma e alguma outra coisa, o produto de uma civilização específica embora também de um espírito universal. Assim como seria uma leitura inepta de, digamos, *Madame Bovary*; não ver nesta obra nada mais do que a história de uma entediada dona de casa provinciana, seria uma leitura obtusa da Cultura ocidental tratá-la simplesmente como o registro de uma experiência específica, culturalmente limitada.

A ideia de cultura

Na verdade, asseverar que uma obra pertence à alta cultura é sustentar, entre outras coisas, que ela possui uma portabilidade inerente, uma espécie de propriedade embutida de ser destacável de seu contexto que bilhetes de ônibus e panfletos políticos não têm. O que impede uma leitura redutiva é a forma estética, que modela esse material local em alguma coisa de um teor mais amplo e que proporciona assim ao leitor um modelo do que ele mesmo deve fazer se quiser acolher a obra como cultura elevada. Assim como a forma liga os elementos de uma obra em um todo maior, sem prejuízo algum à sua particularidade, também a Cultura designa um vínculo entre uma civilização específica e a humanidade universal.

Como todas as formas mais efetivas de poder, a alta cultura apresenta-se simplesmente como uma forma de persuasão moral. Ela é, entre outras coisas, uma maneira pela qual uma ordem governante molda para si mesma uma identidade em pedra, escrita e som, e o seu efeito é o de intimidar assim como inspirar. Como o porteiro de um clube exclusivo, seu papel não é apenas deixar pessoas entrarem. Mas seus recursos não estão de modo algum limitados a essas funções sociais, e imaginar que estivessem seria a forma mais ingênua da falácia genética.* Igualmente o seria superestimar o poder da alta cultura e assim endossar, ironicamente, uma visão idealista dela. A cultura elevada é uma das menos significativas dentre as armas ideológicas, o que é o cerne de verdade na ilusão de que se encontra inteiramente livre de ideologia. Ela é inestimavelmente menos importante do que a educação ou a sexualidade. Não haveria nenhuma justificação para os radicais políticos trabalhando nesse campo, exceto se eles já se encontrassem aí ou fossem especialmente qualificados nele.

---

\* Falácia genética: erro de argumentação que consiste em julgar uma coisa ou situação em função do valor que se dá a sua origem e desenvolvimento. (N. R.)

Dado o próprio autoentendimento da Cultura, então, não é difícil perceber o que ela acha de tão escandaloso nas culturas, pois as culturas são ostensivamente particulares, sem ecos de nada além delas mesmas, e desapareceriam sem essas diferenças. Certamente esse contraste entre a Cultura universal e as culturas específicas é, em última análise, enganoso, uma vez que a pura diferença seria indistinguível da pura identidade. Um mundo da vida que realmente estabelecesse sua distinção de todos os outros tornar-se-ia de algum modo universal. Seria como essas culturas marginais ou minoritárias de hoje em dia que rejeitam a "tirania" do consenso universal, mas que, por vezes, terminam reproduzindo uma versão microcósmica dele nos seus próprios mundos fechados, autônomos e estritamente codificados. Mesmo assim, existe uma importante diferença entre as duas versões de cultura quanto à questão da particularidade. Cultura como identidade é avessa tanto à universalidade como à individualidade; em vez disso, ela valoriza a particularidade coletiva. Do ponto de vista da Cultura, a cultura apodera-se perversamente dos particulares acidentais da existência – gênero, etnicidade, nacionalidade, origem social, inclinação sexual etc. – e os converte nos portadores da necessidade.

O que a própria Cultura estima não é o particular, mas algo muito diferente, o indivíduo. Com efeito, ela vê uma relação direta entre o individual e o universal. É na unicidade de alguma coisa que o espírito do mundo pode ser mais intimamente sentido; mas revelar a essência de uma coisa significa despi-la de seus particulares acidentais. O que constitui minha própria autoidentidade é a autoidentidade do espírito humano. O que me faz aquilo que sou é minha essência, que é a espécie à qual pertenço. A Cultura é em si mesma o espírito da humanidade individualizando-se em obras específicas; e o seu discurso liga o individual e o universal, o âmago do eu e a verdade da humanidade, sem a mediação do historicamente particular. De fato, nada poderia assemelhar-se mais estreitamente ao universo do que aquilo que é puramente ele mesmo, sem nenhuma relação externa. O universal não é apenas o oposto do individual, mas o próprio paradigma dele.

É na própria *quidditas* de uma coisa, em sua peculiar essência, que nos encontramos na presença daquilo que transcende todos os meros particulares. A individualidade é o meio do universal, enquanto os particulares são puramente aleatórios. A distinção medieval entre essência e acidente, assim, é mais uma vez reencenada, desta feita como uma confrontação entre Cultura e cultura. A primeira, ao universalizar o individual, realiza sua verdadeira identidade; a última é somente um modo de vida contingente, um acidente de lugar e tempo que sempre poderia ter sido de outra maneira. Ela não está, como Hegel poderia ter citado, inserida "na Ideia". A alta cultura estabelece assim um circuito direto entre o individual e o universal, desviando-se ao fazê-lo de todos os particulares arbitrários. O que mais é o cânone artístico senão uma coleção de obras irredutivelmente individuais que revelam, na sua própria unicidade, o espírito comum da humanidade? Ou pense-se na ética do humanismo liberal, para a qual sou o mais peculiarmente eu mesmo quando me elevo acima de minha particularidade prosaica, talvez por meio do poder transfigurativo da arte, para me tornar o portador de uma humanidade universal. A arte recria as coisas individuais na forma de suas essências universais, e ao fazê-lo torna-as inimitavelmente elas próprias. No decurso disso, ela as converte de contingência a necessidade, de dependência a liberdade. O que resiste a esse processo alquímico é expurgado como refugo particularista.

Uma versão moderna e irônica dessa doutrina pode ser encontrada na obra de Richard Rorty.[3] Como um bom pragmatista, Rorty reconhece que a tradição cultural que ele próprio endossa –

---

3 Ver em especial RORTY, R. *Irony, contingency, and solidarity*. Cambridge: 1989.

um reformismo ocidental, burguês, liberal, iluminista, de social-democrata a pós-moderno – é puramente contingente. Ela sempre poderia ter acontecido de outro modo e era sem dúvida muito menos necessário ainda que ele pessoalmente tivesse nascido dentro dela. Mas Rorty a abraça mesmo assim como um bem universal. Ela não possui nenhum fundamento universal, mas um fundamentalista muçulmano, apesar disso, faria bem em adotá-la. O que Rorty faz, em resumo, é elevar a contingência à universalidade sem suprimir sua contingência, reconciliando assim seu historicismo com sua absolutização da ideologia ocidental. Com efeito, seu relativismo histórico é a própria razão de seu absolutismo. Se nenhuma cultura pode ser metafisicamente assegurada, não pode haver então nenhuma base racional que possibilite escolher entre culturas – e nesse caso, como os antigos sofistas, pode-se ir logo escolhendo aquela em que por acaso se está. Mas já que não existe nenhum motivo racional para esta escolha, ela se torna, como o *acte gratuit* existencialista, uma espécie de absoluto em si mesma. Para alguns outros pragmatistas, ao contrário, alguém não pode falar logicamente de escolher a cultura na qual se encontra, já que o fato de estar lá em primeiro lugar é a base da "escolha" desse alguém. Poder-se-ia objetar que a elevação que Rorty faz do contingente ao universal é o gesto mais típico de uma ideologia; acontece apenas que ele espera que sua irônica autoconsciência redima-o desse destino. De fato, tudo o que ele fez foi fugir de um sentido "modernista" de ideologia, para o qual não se está de posse da verdade, para um sentido pós-modernista, para o qual se sabe que o que se está fazendo é falso sem cessar de fazê-lo. A epistemologia da ilusão dá lugar à epistemologia do cinismo.

Se a individualidade anula o particular por meio de seu essencialismo, a universalidade o descarta por meio de sua abstração. No entanto, a abstração está perfeitamente de acordo com a individualidade. De fato, o espírito da humanidade existe apenas em suas encarnações individuais, das quais um outro nome é poesia. A alta cultura é assim o inimigo jurado da generalidade. Ela não é apenas uma alternativa à argumentação racional, mas uma concepção alternativa da razão como tal, uma concepção que desdenha a utilidade e a abstração, preferindo a sensação e o sabor das coisas. Ela nasceu numa época em que o racionalismo abstrato estava se tornando uma arma nas mãos da esquerda política, e é, assim, uma censura implícita a ele. Mas enquanto está unida ao individual, ela é igualmente hostil ao puramente particular – àqueles turbulentos interesses locais que ainda têm de ser subsumidos à lei do todo.

De fato, o que o universal comumente faz é apoderar-se do historicamente particular e projetá-lo como uma verdade eterna. Uma história contingente – a do Ocidente – torna-se a história da humanidade como tal. Contudo, como Kate Soper nos lembrou,

> discursos universalistas sobre "a humanidade" correm na verdade o risco de introduzir um viés etnocêntrico em sua visão daquilo que é comum a todos nós; mas discursos que neguem qualquer estrutura compartilhada de cognição, necessidade e afetividade podem também autorizar um insensível descaso político dos sofrimentos e privações dos outros.[4]

A universalidade, em outras palavras, não deve ser universalmente repudiada. Os pensadores pós-modernos deveriam ser apropriadamente antiuniversalistas a esse respeito, distinguindo, no verdadeiro espírito do pluralismo, aqueles usos do conceito que são frutíferos, de um ponto de vista prático, daqueles que não o são. Se universalidade significa que o povo tungue da Sibéria oriental encontra a si mesmo fielmente refletido na obra de Noel Coward, ela deveria ser rejeitada; se significa que os tungues têm a experiência de dor da mesma maneira que os alemães, deveria ser abraçada. O ocidental típico, nas palavras da an-

---

4 SOPER, K. *What is nature?* Oxford: 1995. p.65.

tropóloga Ruth Benedict, talvez realmente "aceite sem mais cerimônia a equivalência da natureza humana e de seus próprios padrões culturais",[5] mas deveríamos lembrar que tais erros não são peculiares ao Ocidente. Como Benedict assinala em seguida, existem muitas culturas para as quais o estrangeiro é definido como não humano. Não se deveria ser etnocêntrico a respeito de etnocentricidade.

Existe um correlato político da unidade do individual e do universal, conhecido como Estado-nação. A principal forma política da modernidade é ela mesma uma negociação difícil entre o individual e o universal. Para serem arrancadas às casualidades do tempo e erguidas à condição de necessidade, as nações precisam da mediação universalizante do Estado. O hífen na expressão "Estado-nação" significa assim uma ligação entre política e cultura, entre o engendrado e o étnico.[6] A nação é matéria amorfa, que precisa ser moldada pelo Estado até constituir uma unidade; seus elementos indisciplinados serão assim reconciliados sob uma única soberania. E já que essa soberania é uma emanação da própria Razão, o local, assim, é elevado ao universal. Todavia, uma vez que esse processo está acontecendo pelo mundo todo, visto que poucos movimentos são mais internacionais do que o nacionalismo, a nação é, também, nesse sentido, elevada a um *status* global.

O pertencer à tribo, assim, gera a cidadania do mundo. Mas uma vez que, dadas as restrições de nossa condição de criaturas, pode-se ser um cidadão do mundo apenas em algum lugar particular, o local ganha novo significado em vez de ser apenas descartado. Esse, ao menos, é o propósito daqueles nacionalismos românticos que buscam o universal por meio do específico, e que veem cada nação alcançando-o de sua própria maneira distinta. Alguns modelos iluministas da nação, ao contrário, podem

---

5 BENEDICT, R. *Patterns of Culture*. 1935 (reimpr. Londres, 1961). p.4.
6 Para alguns comentários úteis a respeito dessa hifenização, ver TODOROV, T. *Human Diversity*. Cambridge, Mass: 1993. cap.3.

A ideia de cultura

ser bem mais rudes a respeito de diferenças locais, menosprezando tal idiossincrasia como um obstáculo à liberdade universal. A regionalidade, portanto, deve ser esmagada sob a racionalidade. Contudo, se a cultura como uma ideia, nessa época, corre a ocupar o primeiro plano, é em grande parte porque culturas reais estão desempenhando um papel mais ambicioso no palco da política mundial. As culturas estão agora se tornando a base do Estado--nação, mas um Estado-nação que, contudo, as transcende.

Os Estados diferem uns dos outros, mas essas diferenças não são sempre de extrema importância. O que importa é que você seja cidadão de um Estado que lhe garanta liberdades civis, e não os mecanismos particulares pelos quais isso é assegurado. No que diz respeito a isso, ser francês não é mais inerentemente desejável do que ser chileno. Culturalmente falando, entretanto, pertencer a uma nação em vez de outra é tão vitalmente importante que as pessoas muitas vezes estão preparadas para matar ou morrer por essa questão. Se política é o que unifica, cultura é o que diferencia. Essa preferência por uma identidade cultural em vez de outra é arracional, no sentido de que optar por ser parte de uma democracia no lugar de uma ditadura não é. O racismo e o chauvinismo, que procuram justificar essa preferência com base na superioridade de uma identidade cultural sobre outra, são apenas tentativas espúrias de racionalizá-la. Mas o fato de que uma escolha de identidade cultural é arracional não é um argumento contra ela, assim como não é um argumento contra a escolha do parceiro sexual. Não é necessariamente sinal de ignorância gostar da companhia de pessoas do mesmo gênero que o próprio, contanto que isso não implique um juízo de valor (essas pessoas são congenitamente superiores aos outros), não exclua outros grupos, ou não obscureça o fato de que aprender a estar com pessoas que não sejam do mesmo gênero que o próprio é parte preciosa da educação de alguém. De qualquer modo, nossas fidelidades culturais, seja àqueles de nosso próprio grupo ou a outros, não são necessariamente irracionais pelo fato de serem *a*-racionais. Podemos por vezes apresentar razões para tais preferências, assim como podemos dar razões para nossa escolha de um parceiro. Acontece apenas que essas preferências não são, afinal, redutíveis a estas razões, como é evidenciado pelo fato de que alguma outra pessoa pode entender por que você ama seu parceiro sem ela mesma amá-lo.

O Estado-nação não celebra inteiramente sem reservas a ideia de cultura. Ao contrário, qualquer cultura particular nacional ou étnica realizará seu potencial somente por meio do princípio unificador do Estado, e não pela sua própria força. As culturas são intrinsecamente incompletas, e precisam da complementação do Estado para se tornar verdadeiramente elas mesmas. Eis por que, ao menos para o nacionalismo romântico, cada população étnica tem direito ao seu próprio Estado simplesmente em virtude de ser uma população distinta, já que o Estado é a forma suprema pela qual sua identidade étnica pode ser realizada. Um Estado que contivesse mais de uma cultura, assim, iria inevitavelmente fracassar ao fazer justiça a todas elas. É essa pressuposição de um vínculo interno entre a cultura e a política que contribuiu para causar tanta destruição no mundo moderno, quando diferentes grupos nacionais disputam a soberania do mesmo pedaço de território. De fato, o que distingue originalmente a ideia de nacionalismo não é tanto uma reivindicação de soberania territorial – uma reivindicação bastante familiar, afinal de contas, a guerreiros aborígenes e príncipes renascentistas –, mas de soberania de um povo específico que acontece ocupar um particular pedacinho de terra. É o republicanismo, não o solo, que está em primeira linha em jogo aqui. Mas se o que impede a autodeterminação de um povo é a presença em seu solo de um poder colonial, então é fácil perceber como argumentos democráticos republicanos podem ser substituídos por um discurso nacionalista sobre raça, pátria e integridade territorial.

A ideia de cultura

Estão idealmente unidos Estado-nação, então, *ethos* e direitos abstratos, unicidade étnica e universalidade política, *Gemeinschaft* e *Gesellschaft*, o povo comum e a *intelligentsia* cosmopolita. Idealmente, devoções, costumes e afinidades locais – em uma palavra, cultura – são preservados, mas há uma unidade política superveniente a eles. Na realidade, as coisas são bem menos harmoniosas. Somos agora exortados a reinventar, em um nível mais alto e mais universal, o tipo de solidariedade que certa vez supostamente usufruímos no âmbito mais paroquial da cultura. Precisamos agora aprender a investir na própria esfera política todas aquelas energias que antes reservávamos para amigos e parentes, o espírito de lugar e a genealogia da tribo. O Estado-nação é o lugar onde uma comunidade potencialmente universal de cidadãos livres e iguais pode ser instanciada – assim como o símbolo romântico é uma concretização do espírito do mundo. Foi a pátria que aclamou você como um cidadão revolucionário francês; mas a pátria era o lugar de uma Razão e de uma Liberdade que não eram de forma alguma exclusivamente francesas. Seguramente, apenas certas culturas – aquelas que já tinham evoluído para além de uma divisão primitiva em clãs a alguma aparência de civilidade – se mostrariam capazes de acolher essas formas políticas mais elevadas. Sempre haveria aqueles Calibãs em cuja natureza a educação jamais se fixaria. E não havia como negar que esse delicado equilíbrio de cultura e política provavelmente não era fácil de se manter. Em primeiro lugar, quase nenhum Estado limita-se aos contornos de alguma etnicidade determinada. E a cultura é mais o produto da política do que a política a serva obediente da cultura. Depois, o Estado pode representar a unidade de uma cultura somente reprimindo suas contradições internas. Exatamente como se representa uma contradição é uma questão perturbadora, em especial se se acredita, como Marx, que o próprio Estado é um produto de contradição. Apenas por meio de alguma curiosa homeopatia, portanto, poderia ser o Estado a cura de uma condição da qual ele próprio é sintomático.

Existem também outras dificuldades. O nacionalismo cívico ou político acha por vezes conveniente arregimentar o nacionalismo étnico sob seu estandarte, como, por exemplo, a unidade do Estado moderno pós-colonial é sustentada por uma mitologia de suas origens. Mas quanto mais a forma universal-racional do Estado busca fortalecer sua autoridade saqueando os recursos de uma cultura étnica, mais arrisca que sua universalidade seja minada por eles. "Estado" e "nação" não são tão fáceis de ligar com um hífen, pois movem-se em diferentes níveis. Se as formas cívicas do Estado precisam recrutar intensidades étnicas, também precisam mantê-las sob controle. Em geral, é pela nação, em vez de pelo Estado, que homens e mulheres dispõem-se a morrer, mas do ponto de vista do Estado esse impulso é tão gratificantemente tenaz quão perigosamente fanático. A cultura é em certo sentido mais importante do que a política, mas é também menos maleável. Homens e mulheres têm maior tendência a ir para as ruas, numa manifestação, por questões culturais e materiais do que por questões puramente políticas – sendo o cultural aquilo que diz respeito à identidade espiritual de alguém, e o material à sua identidade física. Por meio do Estado-nação fomos constituídos como cidadãos do mundo; mas foi difícil ver como essa forma de identidade política podia fornecer motivos tão profundamente arraigados quanto os culturais.

É verdade que qualquer um que considere que uma identidade global é uma questão por demais abstrata para esse propósito obviamente nunca conheceu um católico romano. E se nos dias de hoje o novo cidadão do mundo é o executivo de uma corporação, também é o militante ecológico. É sobretudo com a política ecológica que as ligações entre o local e o global, uma *pietas* romântica de lugar e uma universalidade iluminista, têm sido mais firmemente reconsolidadas. De qualquer modo, muitos homens e mulheres lutaram e algumas vezes morreram em nome da solidariedade internacional. Comunidades não são

A ideia de cultura

apenas assuntos locais. É mesmo assim difícil imaginar, no momento, homens e mulheres indo às barricadas gritando: "Viva a União Europeia!" O problema é que nossos métodos de política e nossas formas de cultura ficaram à deriva em uma época em que uma resolução ideal das duas – o Estado-nação – está cada vez mais sitiada. Pode-se falar, por exemplo, de "cultura de corporação", mas isso simplesmente significa um modo de fazer as coisas típico das corporações, e não uma cultura que legitimará esse modo de fazer as coisas na consciência popular.

A visão do nacionalismo clássico era de um mundo constituído de particulares únicos e autodeterminados conhecidos como nações, cada uma das quais abriria seu caminho próprio e característico para a autorrealização. Essa forma de ver, portanto, tem uma afinidade notável com o pensamento estético. Com efeito, justamente o artefato estético foi a outra grande solução da modernidade para um de seus mais renitentes problemas: a muito discutida relação entre o individual e o universal. É sem dúvida por essa razão que as questões estéticas emergem tão frequentemente em uma sociedade que tem cada vez menos tempo para a arte. O que a obra de arte prometia era toda uma nova maneira de conceber o relacionamento em questão, recusando tanto a universalidade vazia como a particularidade cega ao apreender a obra de arte como aquela espécie peculiar de totalidade que existe apenas nos seus, e por meio dos seus, particulares sensíveis. A "lei" universal do artefato não era mais do que a configuração de suas partes componentes. A obediência à lei é, aqui, a verdadeira liberdade: a lei geral ou forma da obra de arte é aquilo que permite a cada uma de suas partes ser livremente autodeterminante, já que não é mais do que o efeito de sua atividade conjunta. Aqui, então, havia um mundo ao mesmo tempo sensível e quase conceitual, onde a forma abstrata não era nada além de uma articulação de indivíduos únicos. Cada um desses indivíduos determinava a si mesmo em, e por, sua determinação dos outros, prefigurando assim uma espécie de utopia política. Se a cultura podia ser harmonizada pelo Estado-nação com a política global, a Cultura podia igualmente reconciliar o universal e o específico.

Contudo, se a cultura certa vez assentou os alicerces do Estado-nação, agora ameaça destruí-lo. A unidade nacional que é selada pela Cultura é despedaçada pela cultura. O mito romântico-nacionalista da unidade de cultura e política, que em sua época serviu notavelmente bem a muitos Estados-nação, para não falar de muitos movimentos anticolonialistas, não consegue facilmente sobreviver à emergência do multiculturalismo. Em certo sentido, seguramente, o multiculturalismo é simplesmente uma virada irônica tardia da mesma história. Seguros em sua identidade cultural singular, os Estados-nação criaram súditos coloniais cujos descendentes, depois, incorporaram-se a eles como imigrantes, pondo assim em risco a unidade cultural que ajudou em primeiro lugar a tornar possível o império. A cultura unificada do Estado-nação foi, assim, posta em perigo a partir de "baixo" justamente quando estava sendo simultaneamente atacada de "cima". O capitalismo transnacional enfraquece as culturas nacionais, assim como as economias nacionais, ao cosmopolitizá-las. Como escreve Jean-François Lyotard: "ouve- -se *reggae*, assiste-se a um faroeste, almoça-se no McDonald's e janta-se num restaurante típico, usa-se perfume parisiense em Tóquio e roupas '*rétro*' em Hong Kong".[7] Enquanto o migrante viaja pelo mundo, o mundo viaja para o cosmopolita. O migrante não pode ir para casa, ao passo que o cosmopolita não tem casa para onde ir.

Se a migração é a forma popular do multiculturalismo, o cosmopolitismo é a sua versão elitista. Ambos são produtos do mesmo sistema econômico global. No entanto, uma vez que o capitalismo transnacional também gera isolamento e ansieda- de, arrancando homens e mulheres de seus vínculos tradicio-

---

7  LYOTARD, J.-F. *The Postmodern Condition*. Manchester: 1984. p.76.

A ideia de cultura

nais e lançando sua identidade numa crise crônica, ele fomenta, como forma de reação, culturas de solidariedade defensiva exatamente ao mesmo tempo em que está ocupado na proliferação desse admirável cosmopolitismo novo. Quanto mais *avant-garde* fica o mundo, mais arcaico ele se torna. À medida que a hibridez se dissemina, avolumam-se os gritos de heresia. Para cada lufada de perfume parisiense em Tóquio há um jovem *skinhead* neonazista ou um filósofo comunitarista de meia-idade. Tão logo o molde do Estado-nação esteja rachado, tipos de política cultural que nunca se enquadraram bem nessa estrutura, em especial políticas sexuais, são capazes de prosperar. Mas quando o cosmopolitismo entra em conflito com o comunalismo, o primeiro com demasiado pouca identidade e o segundo com identidade demais, as resoluções transitórias do nacionalismo e da estética começam a desintegrar-se em um "mau" universalismo de um lado e um "mau" particularismo de outro. Ao mesmo tempo, a cultura e a política começam a mudar sua relação.

Isso pode ser visto, dentre outros lugares, na teoria pós-colonial. Se o Estado-nação sempre foi uma harmonia espúria entre cultura e política, o nacionalismo revolucionário foi um caso bem diferente. Aqui, naquilo que continua sendo o mais espetacularmente bem-sucedido movimento radical da história moderna, a cultura podia se tornar uma força política transformadora. O pós-colonialismo, como a palavra sugere, surge na esteira desse momento histórico, tão logo o nacionalismo revolucionário deu origem a uma erupção de Estados-nação. Ele é, portanto, cronologicamente falando, pós-nacionalista, pós-revolucionário, e até mesmo, às vezes, pós-ideológico e pós-político. Mas esse fato cronológico, pelo qual a teoria própria pós-colonialista dificilmente pode ser responsabilizada, pode combinar-se convenientemente com a sua própria predileção por questões de identidade cultural em vez de questões de política radical, quando um Norte pós-histórico encontra-se com um Sul pós-colonial. A cultura, em resumo, pode vir a expulsar a política, com a qual ela previamente estava tão estreitamente aliada.

Nossas guerras culturais, portanto, dão-se em pelo menos três frentes: entre cultura como civilidade, cultura como identidade e cultura como algo comercial ou pós-moderna. Poder-se-ia definir esses tipos mais concisamente como excelência, *ethos* e economia. Como Adorno poderia ter dito, caso tivesse vivido para vê-las, elas são os três fragmentos de uma liberdade que fracassam em constituir. Essa é uma distinção instável, já que o pós-modernismo e as formas mais esclarecidas de política de identidade são, de muitas maneiras, aliados. Mas o que importa aqui é a diferença entre, digamos, a Milícia Branca Cristã de Montana e Michael Jackson. Essa não é uma diferença em graus de sanidade, mas entre cultura como identidade e a cultura pós-moderna, no sentido da cultura consumista do capitalismo avançado. (Chamá-lo capitalismo "tardio" é um tanto presunçoso, já que não temos nenhuma ideia de quão tardio ele seja.) Esses dois sentidos de cultura são ambos desafiados pela cultura como civilidade. A cultura como civilidade não é apenas um assunto estético: ela sustenta, ao contrário, que o valor de um modo de vida total é incorporado em certos artefatos concluídos. Se o cânone importa, é porque ele é a pedra de toque da civilidade em geral, não apenas por causa de seu mérito inerente. Não é uma questão da arte usurpando a vida social, mas da arte indicando um refinamento de vida ao qual a sociedade ela mesma deveria aspirar. A arte define para quê vivemos, mas não é para a arte que vivemos. A questão, assim, está ao mesmo tempo aberta e fechada: quão generoso é ver a arte a serviço da vida, e quão paroquial imaginar que a arte sozinha define para quê vale a pena viver!

O que se dá nos dias de hoje é não apenas que esse sentido de cultura esteja envolvido numa feroz disputa com a cultura como identidade. Sempre houve uma querela entre as versões liberal e comunalista de cultura. Trata-se antes do fato de que essa disputa faz agora parte de alguns dos principais conflitos políticos de nosso tempo, incluindo aqueles entre o Norte e o

Sul do globo. Cultura como estética e cultura como antropológica constituem agora não apenas uma rixa acadêmica mas um eixo geopolítico. Elas representam, com efeito, a diferença entre o Ocidente e seus Outros. Mas é também, de modo mais geral, a diferença entre civilização liberal e todas essas formas mais corporativas – nacionalismo, nativismo, política de identidade, neofascismo, fundamentalismo religioso, valores da família, tradições comunitárias, o mundo dos combatentes ecológicos e dos adeptos da *New Age* – com as quais ela realmente luta. Ver isso como um conflito entre regiões "desenvolvidas" e "subdesenvolvidas" é de fato profundamente enganoso. Muitas dessas formas corporativas são reações àquele corporatismo mais amplo que conhecemos como capitalismo transnacional, cuja própria cultura pode ser tão claustrofóbica quanto um encontro de orações ou um clube de tiro. E se valores liberais *versus* cultura como solidariedade é uma questão de Norte *versus* Sul, então é difícil saber como classificar, digamos, o liberalismo islâmico na sua rejeição do fundamentalismo cristão norte-americano, ou o socialismo indiano na sua oposição ao racismo europeu. O Norte do globo não tem nenhum monopólio de valores esclarecidos, seja o que for que goste de imaginar nos seus momentos mais presunçosamente farisaicos. Mesmo assim, a batalha corrente entre esses dois sentidos de cultura tornou-se agora uma questão global.

Do ponto de vista da Cultura, o que um grupo em defesa dos direitos dos homossexuais e uma célula neofascista têm em comum é, em certo sentido, tão admirável quanto suas diferenças políticas. Ambos definem cultura como identidade coletiva em vez de crítica, como um modo de vida distinto em vez de uma forma de valor relevante para qualquer modo de vida que seja. Nesse ponto, a Cultura parece mais pluralista do que um grupo em defesa dos direitos dos homossexuais ou, digamos, um sindicato. De fato, a diversidade da Cultura é um pouco ilusória, já que os princípios que defende são com frequência poucos e absolutos. E uma pluralidade tolerante é exatamente o que os grupos em defesa dos direitos dos homossexuais querem promover. É verdade que eles derivam esse credo em parte da própria Cultura, que pode ser opressiva na forma, mas esclarecida o suficiente no conteúdo. A cultura como civilidade inclui os princípios liberais, emancipatórios, dos quais as políticas de identidade são os herdeiros mais recentes e frequentemente relutantes. Não pode haver nenhuma emancipação política para a nossa época que não esteja em algum nível em dívida com o iluminismo, não importa o quão indignada possa estar a respeito dessa origem. Os que foram excluídos, entretanto, estão fadados a parecer incivilizados, já que a sua luta por reconhecimento tende a assumir formas corporativas ou belicosas desagradáveis ao cultivo liberal. Segue-se que, quanto mais vociferantemente eles protestam contra sua exclusão, mais justificada essa exclusão parece ser. Dever-se-ia lembrar, porém, que foram os aspectos menos admiráveis do cultivo liberal que os forçaram em primeiro lugar a essa militância. Culturas em luta pelo reconhecimento geralmente não podem se dar ao luxo de serem complexas ou autoirônicas, e a responsabilidade por isso deveria caber àqueles que as subjugam. No entanto, complexidade e autoironia são, mesmo assim, virtudes. O fato de que alguém a ponto de ser jogado para dentro de um buraco cheio de cobras não consiga ser irônico é um comentário crítico sobre sua situação, não sobre a ironia. O fato de que a Cultura possa se dar ao luxo de tais virtudes, ao passo que a cultura geralmente não pode, não faz nenhuma diferença a respeito disso. Nós saberíamos, por sua capacidade de ironia e autocrítica, se uma identidade cultural foi seguramente estabelecida.

O paradoxo da política de identidade, em resumo, é que se precisa de uma identidade a fim de se sentir livre para desfazer-se dela. A única coisa pior do que ter uma identidade é não ter uma. Dispender muita energia afirmando sua própria identida-

A ideia de cultura

de é preferível a sentir que não se tem absolutamente nenhuma identidade, mas ainda mais desejável é não estar em nenhuma das duas situações. Como todas as políticas radicais, políticas de identidade são autoanulantes: alguém é livre quando não precisa mais ficar quebrando muito a cabeça a respeito de quem ele é. Nesse sentido, o fim está em desacordo com os meios, como na tradicional política de classes. Uma sociedade sem classes só pode ser alcançada levando-se a sério as identificações de classe, e não por um fingimento liberal de que elas não existem. O tipo menos inspirador de política de identidade é aquele que reclama que uma identidade já completamente formada está sendo reprimida por outras. As formas mais inspiradoras são aquelas em que você reivindica uma igualdade com os outros no que diz respeito a ser livre para determinar o que é que você deseja se tornar. Qualquer afirmação autêntica de diferença tem, portanto, uma dimensão universal.

Se são os aspectos menos admiráveis do cultivo liberal que forçaram os grupos em defesa dos direitos dos homossexuais e seus congêneres à militância, o reverso também é verdadeiro. Foi a proliferação das culturas que forçou a Cultura a uma autoconsciência desconfortável, pois a civilidade funciona melhor quando é a cor invisível da vida cotidiana e, para ela, sentir-se forçada a auto-objetivar-se é fazer demasiadas concessões aos seus críticos. A Cultura, então, arrisca-se a ser relativizada como apenas uma outra cultura. Isso é particularmente observável na época atual. A civilização ocidental, que embarcou agora numa política exterior mais ambiciosamente agressiva, precisa de alguma legitimação espiritual para esse projeto exatamente na hora em que está ameaçando despedaçar-se culturalmente. Quanto mais ela desenraiza comunidades inteiras, engendra pobreza e desemprego generalizados, solapa sistemas tradicionais de crenças e cria grandes ondas de migração, mais essas políticas predatórias produzem uma série de subculturas defensivas e militantes que fragmentam a sociedade ocidental a partir de dentro. Elas também engendram forças similares no exterior. Isso não significa considerar qualquer assim chamada política de identidade como uma mera resposta negativa à instabilidade social. Ao contrário, algumas de suas formas são simplesmente a última fase daquilo que Raymond Williams chamou de "a longa revolução". Mesmo assim, o resultado é que a cultura ocidental é incapacitada no momento exato em que precisa afirmar sua autoridade universal. Uma vez que seus valores sejam desafiados, a Cultura não pode mais ser invisível. A unidade ideal da Cultura está cada vez mais em desacordo com o conflito de culturas e não pode mais se oferecer para resolvê-lo. Daí a celebrada crise da Cultura de nossa época.

No entanto, há também outras dificuldades. É difícil para um modo de vida cujas prioridades são seculares, racionalistas, materialistas e utilitaristas produzir uma cultura adequada a esses valores. Pois não são esses valores inerentemente *anti*culturais? Isso, certamente, sempre foi uma dor de cabeça para o capitalismo industrial, o qual nunca foi realmente capaz de produzir uma ideologia cultural persuasiva a partir de suas próprias práticas filisteias. Em vez disso, foi forçado, com esse intuito, a explorar os recursos simbólicos da tradição humanista romântica e, ao fazer isso, revelou a discrepância entre seu ideal utópico e sua realidade sórdida. A Cultura, portanto, não é apenas uma noção unitária demais para um capitalismo inevitavelmente fragmentado, mas também uma noção com princípios por demais elevados. Ela corre o risco de chamar atenção para a brecha grotesca entre a sua própria retórica espiritual séria e a desagradável prosa da vida cotidiana. Um hino da União Europeia ao Todo-Poderoso seria algo simplesmente embaraçoso. Entretanto, como já vimos, a Cultura fica fatalmente enfraquecida quando se desliga de suas raízes na religião, mesmo se apegar-se a essas raízes signifique consignar-se à irrelevância.

Não está fora de questão imaginar uma Europa sitiada remodelando a si mesma "na imagem de uma Santa Aliança", uma

A ideia de cultura

"Cristandade renovada" ou o "Clube do Homem Branco", como sugeriu Aijaz Ahmad.[8] Se a Cultura deve agora unificar um Ocidente um tanto heterogêneo e briguento contra o que lhe parece ser a cultura em todos os seus sentidos errados, então a revitalização de uma herança comum clássica, cristã e liberal--humanista bem pode mostrar ser um modo de rechaçar os bárbaros saqueadores externos. Poder-se-ia esperar da cultura no sentido das belas-artes que representasse um papel significativo em uma tal reinvenção, razão pela qual os debates sobre Virgílio e Dante não são de modo algum assuntos apenas acadêmicos. Alianças como a Otan e a União Europeia geralmente precisam cimentar seus vínculos com algo um pouco mais consistente do que burocracia, objetivos políticos comuns ou interesses econômicos compartilhados, em especial já que se defrontam com inimigos islâmicos para quem a cultura no sentido espiritual é absolutamente vital. Nesse contexto, polêmicas sobre cursos a respeito das Grandes Obras da Literatura assumem uma nova importância. E a religião, afinal, é a força ideológica mais poderosa que a história humana jamais testemunhou.

O poeta Seamus Heaney protestou, em uma entrevista, que

> se retirarmos, num sentido quase que militar, as formas da herança (europeia), se retirarmos a cultura grega, helênica, judaica – afinal, a cultura literária e artística é quase coextensiva com a nossa descoberta da cultura moral, quer dizer, justiça, liberdade, beleza, amor: eles estão presentes no drama da Grécia, e nos livros sagrados da Judeia – e se retirarmos essas coisas, o que poremos em seu lugar?[9]

Heaney está certo ao defender essas tradições preciosas contra aqueles que as poriam no lixo considerando-as nada mais

---

8 AHMAD, A. Reconciling Derrida: Specters of Marx and Deconstructive Politics. In: SPRINKER, M. (Ed.) *Ghostly Demarcations*, op. cit., p.100.

9 KEARNEY, R. *Visions of Europe*. Dublin: 1992. p.83.

que ideologia, mas fala como se a cultura europeia fosse uma herança homogênea, sem negatividade ou contradição. Se a Europa é de fato o berço de tanta civilização, então ela poderia ao menos ter a decência de pedir desculpas por isso, pois, é claro, ela é tanto uma história de escravidão, genocídio e fanatismo como também a narrativa de Dante, Goethe e Chateaubriand, e esse subtexto mais sombrio não é inteiramente separável de seus esplendores culturais. A tradição humanista europeia serviu repetidamente à causa da emancipação humana; porém, quando são usadas para definir uma identidade exclusivista, essas poderosas obras do espírito tornam-se o inimigo dos valores civilizados. Heaney tampouco é sábio ao dar a impressão de que a cultura moral termina em São Petersburgo – embora o que de fato termina em São Petersburgo, segundo George Steiner, sejam os cafés:

> Nossa Europa ainda é, em um grau surpreendente, depois de todas as crises e mudanças, aquele Império Romano Cristão ... se você traçar uma linha do Porto, no oeste de Portugal, até Leningrado, mas certamente *não* até Moscou, você pode ir a um local chamado café, com jornais da Europa inteira, você pode jogar xadrez, jogar dominó, você pode ficar sentado o dia inteiro pelo preço de uma xícara de café ou um copo de vinho, conversar, ler, trabalhar. Moscou, que é o começo da Ásia, jamais teve um café.[10]

Enquanto alguém saboreia o seu café em São Petersburgo, pode muito bem pensar por um momento naqueles no Grande Além Asiático, os quais, privados tanto de cafeína como de dominó, estão vagarosamente afundando no barbarismo.

Para cimentar os vínculos da unidade política, entretanto, a cultura no sentido estético é lastimavelmente inadequada. Sempre houve algo um tanto risível a respeito da ideia de que a

---

10 Ibidem, p.43.

A ideia de cultura

humanidade poderia ser salva estudando Shakespeare. Para se tornar uma verdadeira força popular, essa cultura elitista realmente precisa tomar o caminho religioso. O que o Ocidente idealmente exige é alguma versão de cultura que alcance uma devoção tal que o povo esteja disposto a morrer por ela, e o nome tradicional dessa devoção é, precisamente, religião. Nenhuma forma de cultura se mostrou mais potente em ligar os valores transcendentes às práticas populares, a espiritualidade da elite à devoção das massas. A religião não é efetiva porque diz respeito ao outro mundo, mas porque encarna esse caráter de além-mundo numa forma de vida prática. Ela pode, assim, fornecer uma ligação entre Cultura e cultura, valores absolutos e vida diária.

Matthew Arnold foi rápido em perceber isso, e propôs a Cultura como um substituto para um cristianismo que estava falhando em suas funções ideológicas. Mas também foi rápido em perceber que a religião combinava a cultura no sentido de cultivo a todos os respeitos com a cultura no sentido de ação dirigida por princípios. Se o Evangelho cristão é uma questão de "amável razoabilidade", ou "helenismo", é também uma questão de deveres implacáveis, ou "hebraísmo". Dois sentidos de cultura – como desenvolvimento harmonioso (grego) e como comprometimento dedicado (judaico) – podiam assim ser agradavelmente harmonizados.[11] Se o hebraísmo podia compensar a inclinação fatal do helenismo por uma universalidade branda, o helenismo podia igualmente moderar a tendência do hebraísmo a um particularismo cego. A estupidez aristocrática e o fanatismo plebeu podiam ser assim mantidos igualmente à distância. Espontaneidade de consciência (helenismo) e rigor

---

11 Robert Young assinala que o hebraísmo é para Arnold uma espécie de filistinismo, o que implica – já que "filisteu" originalmente significava "não judeu" – que os judeus são não judeus. Ingleses cultos assumem então o papel de povo escolhido. Ver *Colonial Desire*, p.58.

de consciência (hebraísmo) precisam moderar um ao outro, a primeira corrigida da frivolidade da classe alta e a última, da mentalidade estreita da classe média. Isso também forneceria um equilíbrio entre cultura como contemplação e cultura como ação. A primeira já não era tolerável num período de crise política, mas a cultura também refrearia aquela tendência à ação intemperada que era parte dessa crise.

No entanto, isso mostrou-se como uma solução apenas no papel. Em primeiro lugar, qualquer esforço para reviver a religião, mesmo na sua versão poeticamente diluída de Arnold, é constantemente sabotado pela secularização capitalista. São as próprias atividades do capitalismo dirigidas a este mundo, e não a esquerda ateia, que levam a religião ao descrédito, visto que uma infraestrutura secularizada solapa a própria superestrutura espiritual que ela exige para a sua própria estabilidade. Depois, qualquer tentativa de ligar a Cultura à religião agora arrisca-se a enfrentar o fundamentalismo religioso de outros com a própria marca pessoal do produto, abandonando assim as alturas liberal-humanistas e terminando por ficar embaraçosamente indistinguível dos seus oponentes. Helenismo em demasia fracassará contra os fanáticos religiosos, mas hebraísmo em demasia irá meramente imitá-los. O fundamentalismo religioso, que é o credo daqueles abandonados pela modernidade, inspirará homens e mulheres à ação militante em defesa de sua sociedade de maneira que uma dose de Dante ou Dostoievski não logrará em fazer. O único problema no Ocidente é que esse fanatismo afronta os próprios valores liberais que se supõe que ele defenda. A civilização ocidental, consequentemente, deve recusar esse sectarismo, mesmo se suas medidas políticas e econômicas ajudassem a engendrá-lo. É verdade que ordens capitalistas avançadas precisam precaver-se contra a alienação e a anomia com *algum* tipo de ritual e simbolismo coletivo, completado com solidariedade de grupo, competição viril, um panteão de heróis legendários e uma liberação carnavalesca de

A ideia de cultura

energias reprimidas. Mas isso é proporcionado pelo esporte, que combina convenientemente o aspecto estético da Cultura com a dimensão corporativa da cultura, tornando-se para os seus adeptos tanto uma experiência artística como um modo de vida total. É interessante especular quais seriam os efeitos políticos de uma sociedade sem esporte.

Se a Cultura é lançada em desordem pela cultura como solidariedade, ela também é igualmente ameaçada pela cultura pós-moderna ou cosmopolitana. Em certo sentido, a cultura elevada e a pós-moderna fundiram-se cada vez mais para proporcionar o "dominante" cultural das sociedades ocidentais. Não existe hoje em dia praticamente nenhuma alta cultura que não seja firmemente moldada pelas prioridades capitalistas – o que quer dizer que não há problema algum em encenar *A tempestade* contanto que você tenha o patrocínio dos Seguros Marítimos. De qualquer modo, o pós-modernismo erodiu progressivamente as fronteiras entre a arte de minoria e seus correlatos de massa ou popular. A cultura pós-moderna pode ser antielitista, mas o seu desdém popular pelo elitismo pode ajustar-se bem facilmente a um endossamento de valores conservadores. Nada, afinal, é mais inexoravelmente nivelador de valores do que a forma de mercadoria, uma forma que dificilmente deixa de ter aprovação em sociedades de mentalidade conservadora. De fato, quanto mais a cultura é comercializada, mais essa imposição da disciplina de mercado força seus produtores aos valores conservadores da prudência, anti-inovação e um nervosismo quanto a ser causa de conflitos. O mercado é o melhor mecanismo para assegurar que a sociedade seja ao mesmo tempo altamente liberada e profundamente reacionária. A cultura comercial, assim, preserva muitos dos valores da alta cultura, os quais despreza como elitistas. Acontece apenas que ela é capaz de embrulhar esses valores em uma atraente embalagem antielitista, o que a alta cultura não consegue.

A cultura de identidade, igualmente, pode ser cruzada com a cultura pós-moderna ou comercial, como no caso do consumismo *gay*. E a própria alta cultura está sendo cada vez mais invadida pelas culturas de identidade, o que produz uma crise na área das ciências humanas. Se, contudo, alta cultura significa não tanto arte minoritária mas certos valores espirituais, então o pós-modernismo tem estado ocupado solapando os fundamentos morais e metafísicos do mundo ocidental precisamente no momento em que esses fundamentos precisam estar o mais firmes possível. Vale a pena parar um momento para considerar a enorme ironia disso. As próprias operações de mercado livre pelas quais o Ocidente impõe sua autoridade sobre o resto do mundo contribuem para criar, em sua casa, uma cultura crescentemente cética e relativista; e isso então ajuda a corroer a autoridade espiritual ("Cultura") que é necessária para conferir a essas operações globais um véu de legitimidade. A alta cultura pode achar a cultura pós-moderna repugnante, mas toma parte na sustentação da própria ordem social que permite que tal cultura circule. Enquanto isso, aqueles que são as vítimas dessa cultura de mercado voltam-se cada vez mais para formas de particularismo militante. Numa interação em três frentes, a cultura como espiritualidade é corroída pela cultura como mercadoria, para dar origem à cultura como identidade.

Numa escala global, o conflito relevante aqui é entre cultura como mercadoria e cultura como identidade. A alta cultura de Bach e Proust dificilmente pode competir como força material com as seduções da cultura industrial, um ícone religioso ou uma bandeira nacional. Em termos freudianos, a cultura como sublimação dificilmente é capaz de rivalizar com a cultura como gratificação libidinal. Ela é também menos psicologicamente enraizada que as políticas de identidade, que podem ser dirigidas tanto por impulsos patológicos ferozes como por impulsos emancipatórios. O pós-modernismo, com o seu desdém por tradição, individualidade estável e solidariedades de grupo, é revigorantemente cético a respeito dessas políticas, mesmo estando equivocado em não ver nada na tradição senão a mão morta da história e nada na solidariedade senão o consenso coercivo. Isso pode ser verdadeiro no que diz respeito ao neofascismo ou aos Milicianos por Jesus da Dakota do Norte, mas provavelmente não é verdadeiro sobre o Congresso Nacional Africano. O pós-modernismo encontra muito pouca base teórica para essas distinções e, assim, corre o risco de jogar o movimento da classe operária na lata de lixo da história junto com os fundamentalistas de Utah e os legalistas do Ulster.

No final do século XX, o Ocidente adiantou-se audaciosamente como o paladino da humanidade toda. A Cultura, pode-se dizer, é agora o guardião das culturas. O particular, no jargão hegeliano, foi elevado ao universal – um movimento que ao mesmo tempo o fortalece e ameaça miná-lo, pois qualquer particular precisa de outro particular contra o qual se distinguir, uma necessidade que a Guerra Fria satisfez com maravilhosa conveniência; e quanto mais o Ocidente agora derruba qualquer alternativa a si mesmo, mais fraco será no final seu próprio senso de identidade. Rosa Luxemburg conjeturou que o imperialismo se expandiria até o ponto que não teria nenhum território restante para conquistar e começaria então a implodir. Embora isso fosse sem dúvida uma visão demasiado ingênua e crédula, é verdade que um sistema sem limites aparentes está fadado a passar, se não por uma crise de lucros, então pelo menos por uma crise de identidade. Como pode um sistema, da mesma forma que uma palavra, universalizar-se sem desaparecer? O pós-modernismo é o que acontece quando o sistema infla a um ponto em que parece negar todos os seus opostos e, portanto, já não parece absolutamente ser um sistema. A totalidade, se estendida o bastante, transforma-se em mera hoste de particulares aleatórios. Mas desde que, sendo aleatórios, nenhum desses particulares pode ser definido por oposição a qualquer outro, eles todos terminam parecendo suspeitosamente semelhantes, e a diferença, levada ao extremo, acaba estranhamente por parecer identidade. Quanto mais vividamente particularizado o mundo se torna, mais monotonamente uniforme ele fica, tal como essas cidades pós-modernas que se apresentam como incomparavelmente diferentes usando basicamente as mesmas técnicas. Poder-se-ia argumentar, inversamente, que o que está hoje em dia dividindo o mundo são os próprios processos que se supõe que o estejam unificando. Forças globalizadoras, por exemplo, ficam muito satisfeitas em ver blocos de poder potencialmente ameaçadores fragmentarem-se em uma série de nações menores e mais fracas e, ocasionalmente, tomam elas mesmas parte nessa fragmentação. O que efetua a mediação entre diferença e identidade é estrutura – o modo pelo qual as diferenças são articuladas em um padrão significativo, como em uma narrativa. Mas se esse sentido de articulação falha, se não existe mais um sistema, então torna-se difícil dizer se estamos vivendo em um mundo no qual tudo é dramaticamente diferente ou cada vez mais idêntico. De qualquer modo, não pode haver especificidade sem alguma noção geral com a qual contrastá-la; e se a generalidade é banida em nome do particular, então não deve causar surpresa que o particular desapareça finalmente junto com ela.

O Ocidente, entretanto, ainda não precisa temer por sua identidade, já que universalizar sua própria cultura implica defendê-la contra os bárbaros fora dela, assim como aniquilar regimes que se atrevem a desafiar o seu domínio. A cultura ocidental é potencialmente universal, o que significa que ela não opõe seus próprios valores aos dos outros, apenas faz lembrar a eles que os valores dela são, fundamentalmente, deles também. Não se trata de tentar impingir uma identidade alheia aos outros, mas simplesmente de recordá-los daquilo que eles secretamente são. Todavia, as políticas que promovem essa universalidade são necessariamente partidárias, o que confere ao Ocidente, por enquanto, identidade o suficiente. Mesmo as-

A ideia de cultura

sim, está tendo que se universalizar exatamente no momento em que sua cultura está sendo debilitada a partir de dentro por uma aliança profana de ceticismo pós-moderno e particularismo militante. Além disso, uma vez que o Ocidente definiu a si mesmo como o Golias injustiçado que humilhará os Davis valentões, a brecha entre sua cultura civilizada e sua verdadeira conduta começa a tomar embaraçosamente grande vulto, o que é um perigo em toda essa espécie de idealismo cultural. Embora esses ideais sejam indispensáveis, eles vão na maioria das vezes simplesmente mostrar a quem os defende o quão miseravelmente fracassam em atingi-los.

É aqui que o pós-modernismo ganha, em comparação, certa credibilidade, pois diz as coisas como são em vez de como deviam ser, um realismo do qual se precisa tanto quanto se precisa de idealismo. Acontece, porém, que os dois estão destinados a estar enviesados. O pós-modernismo é atrevido e sagaz, algo que o idealismo cultural não é, mas paga um preço enorme por esse pragmatismo. Ele é perito em remover os fundamentos das posições de outras pessoas; contudo, não pode fazer isso sem retirá-los simultaneamente de debaixo de si mesmo, e embora esse procedimento possa parecer sem grandes consequências em Berkeley ou Brighton, suas implicações globais são bem menos triviais. Esse pragmatismo deixa o Ocidente desarmado em face daqueles fundamentalismos, tanto internos como externos, que não se perturbam muito com a ânsia antimetafísica de outras pessoas em solapar seus próprios fundamentos. Ele deixa o Ocidente com apenas uma defesa culturalista de suas ações – "isso é apenas o que nós, burgueses brancos ocidentais, fazemos; é pegar ou largar" –, que não somente é filosoficamente fraca, mas também se mostra absurdamente inadequada à luz da formidável autoridade global que essa região do mundo agora realmente reivindica para si mesma.

Se o mandato que você atribuiu a si mesmo é o de ensinar ao restante da humanidade a conduta moral correta, é aconselhável que você tenha à mão, para si próprio, uma ou duas razões que causem maior impressão do que isso. Qualquer outro tipo mais robusto de autorracionalização, entretanto, em termos da Vontade de Deus, o Destino do Ocidente ou o Dever do Homem Branco,* está fadado a soar de modo um tanto oco no clima pragmático, desencantado e nitidamente antimetafísico do capitalismo avançado. Foi o próprio sistema que eliminou essas razões, por mais que pudesse se beneficiar delas. O capitalismo é naturalmente antifundacionalista, dissolvendo no ar tudo o que é sólido, e isso provoca reações fundamentalistas a ele tanto dentro do Ocidente como além deste. Dividida entre evangelismo e emancipação, entre *Forrest gump* e *Pulp fiction*, a cultura ocidental é assim mais enfraquecida ainda na sua confrontação com o mundo além dela. O termo "subcultura" é, entre outras coisas, um modo inconsciente de negar essa desunião, sugerindo uma oposição a alguma supracultura facilmente identificável. Mas a maioria das sociedades modernas é, de fato, um grupo de subculturas que se intersectam, e está tornando-se mais difícil dizer de que mundo cultural normativo deriva uma particular subcultura. Se aqueles com narizes com argolas e cabelos roxos constituem uma subcultura, então também o são, em um número cada vez maior de lugares, os lares onde todos os filhos são a progênie conjunta dos pais que lá residem.

O antifundacionalismo reflete uma cultura hedonista, pluralista e de caráter ilimitado e aberto que é genuinamente mais tolerante do que suas antecessoras, mas que pode também render reais benefícios de mercado. Afinal de contas, entretanto, esse clima moral ajuda você a encher os cofres somente com o

---

\* *The white man's burden* (título de um poema de Rudyard Kipling): suposto dever dos povos de raça branca de levar educação e cultura ocidentais aos habitantes não brancos de suas colônias. (N. R.)

A ideia de cultura

risco de corroer a autoridade que garante o seu direito de fazê-lo. O capitalismo avançado é forçado a sacrificar a boa fundamentação do eu à sua liberdade, como se o que agora impedisse essa liberdade fosse nada menos do que a identidade que a desfruta. Isso não foi uma escolha que uma fase mais clássica do mesmo sistema se sentiu obrigada a contemplar. Mas existe, é desnecessário dizer, mais pensamento antifundacionalista do que alguma obscura conspiração de mercado. Ele também pode fornecer uma valiosa crítica dos aspectos mais sinistros da cultura como terra e como *ethos*. É perigoso supor que a identidade coletiva própria tenha apoio cósmico, embora existam culturas da solidariedade que são também cuidadosas com tais noções. A maior parte do feminismo seria uma ilustração disso. Mesmo assim, existe uma diferença importante entre prescindir de essências e fundamentações porque quem você é não é mais uma questão candente, e prescindir delas quando você precisa de um sentido razoavelmente seguro de quem você é, exatamente com o objetivo de se tornar aquilo que você quer ser. Se você não sabe quem você é no Ocidente, o pós-modernismo está à mão para dizer-lhe para não se preocupar; se você não sabe quem é em áreas menos abastadas do globo, você pode precisar criar as condições em que se torna possível descobrir. Um nome tradicional para essa investigação tem sido o de nacionalismo revolucionário, o qual não é absolutamente do gosto da teoria pós-moderna. Ele representa, por assim dizer, particularidade sem hibridez, assim como o cosmopolitismo pode ser descrito como o inverso. Existem indivíduos, em resumo, que podem comprar barato o seu antifundacionalismo, assim como existem outros que, tendo trabalhado para custear a agenda da modernidade, possuem meios de serem bem mais sardônicos a respeito disso do que aqueles que não o fizeram.

Termina-se, de qualquer modo, com um mundo no qual alguns estão por demais seguros de quem são, enquanto outros estão demasiadamente pouco – duas condições que não deixam de forma alguma de estar relacionadas. De fato, a cultura pós-moderna tipicamente inclui tanto a política de identidade como o culto do sujeito descentrado. Existem, é claro, outras formas de política de identidade, desde valores de família e sionismo até comunitarismo e o Islã, para as quais o pós-modernismo talvez seja o diabo encarnado. Mas mesmo aqui deveríamos observar algumas afinidades. Tanto a cultura pós-moderna como a cultura como identidade tendem a confundir o cultural e o político. Elas também são semelhantes em sua suspeita particularista com relação às pretensões universalistas da alta cultura. O pós-modernismo não é universalista, mas cosmopolita, o que é uma coisa bem diferente. O espaço global do pós-modernismo é híbrido, ao passo que o espaço do universalismo é unitário. O universal é compatível com o nacional – a cultura universal, por exemplo, vê a si mesma como uma galeria dos melhores trabalhos das culturas nacionais – ao passo que a cultura cosmopolita transgride fronteiras nacionais tão seguramente quanto o fazem o dinheiro e as empresas transnacionais.

Tanto para a cultura pós-moderna como para a cultura de identidade, existe algo mais do que obras de arte – "estilo de vida" no caso do pós-modernismo, formas de vida no da cultura como identidade. E no que diz respeito ao mundo pós-colonial, há também outras conexões. Um relativismo cultural brotou no Ocidente pós-moderno e, refletindo sua própria crise de identidade, pode ser exportado para nações pós-coloniais de maneiras que confirmam as formas mais dogmáticas de separatismo e supremacismo. Como assinala Meera Nanda, a doutrina pós-moderna de que a verdade está ligada à cultura pode terminar "fornecendo uma base teórica e um polimento progressivo para os crescentes movimentos antimodernistas, nativistas e de revivescimento cultural/religioso em muitas partes

A ideia de cultura

do que se costumava chamar de Terceiro Mundo".[12] O que pode parecer a última moda em radicalismo epistemológico em Paris pode acabar justificando a autocracia em outro lugar. Numa inversão curiosa, o relativismo cultural pode vir a ratificar as formas mais virulentas de absolutismo cultural. Na sua visão caridosa de que de todos os mundos culturais são uns tão bons quanto os outros, apresenta uma justificativa racional por meio da qual qualquer um deles pode ser absolutizado. Uma incongruência semelhante pode ser observada na Irlanda do Norte, onde os mais astutos Unionistas do Ulster aprenderam a falar a língua do multiculturalismo.

Uma razão pela qual o pós-modernismo parece persuasivo é que ele promete evitar as piores facetas tanto da Cultura como da cultura ao mesmo tempo que preserva suas qualidades mais atraentes. Se ele compartilha o cosmopolitismo da alta cultura, também rejeita o seu elitismo; se tem o populismo da cultura como forma de vida, também não tem paciência com a sua nostalgia organicista. Como a alta cultura, o pós-modernismo é muito atraído pelo estético, embora mais como estilo e prazer do que como artefato canônico; mas é também um tipo de cultura "antropológica", incluindo clubes, casas de moda, arquitetura e *shopping centers* tanto quanto textos e vídeos. Como a cultura como modo de vida, ele celebra o particular, embora um particular que é mais provisório do que enraizado, mais híbrido do que um todo. Contudo, já que o pós-modernismo afirma o popular e o vernáculo onde quer que os encontre no globo, combina o seu particularismo com certa indiferença altiva ao lugar. Suas simpatias populares nascem mais de um ceticismo quanto a hierarquias do que, como no caso da cultura como solidariedade, de um compromisso com os expropriados.

---

12 NANDA, M. Against Social De(con)struction of Science: Cautionary Tales from the Third World. In: WOOD, E. M., BELLAMY, F. J. (Eds.) *In Defense of History*. Nova Iorque: 1997. p.75.

Seu igualitarismo é tanto um produto da mercadoria como uma resistência a ela.

Quase o mesmo poderia ser dito da diferença entre cosmopolitismo e internacionalismo. O universalismo pertence à alta cultura, o cosmopolitismo à cultura do capitalismo global, enquanto o internacionalismo é uma forma de resistência política àquele mundo. A palavra de ordem socialista, "Proletários de todo o mundo, uni-vos!", une ela mesma o internacionalismo e a solidariedade, duas doutrinas que estão hoje em dia cada vez mais separadas. O internacionalismo é agora uma característica do próprio sistema capitalista, enquanto as solidariedades que se opõem a ele são na maioria locais. Se é agora o migrante desarraigado do pós-colonialismo que não tem uma pátria, antes era o movimento operário internacional que não o tinha. E foi a *Kultur*, a ideologia cultural que atingiu seu nadir no Terceiro *Reich*, que denunciou esse internacionalismo como decadente, judeu, sem raízes, conspirador. Mas embora o movimento da classe operária não reconhecesse nenhuma pátria, estava inevitavelmente situado dentro de uma; e isso lhe permitia uma concepção bem diferente do relacionamento entre o particular e o universal. A comunidade universal era o objetivo, e o internacionalismo, os meios; mas já que os trabalhadores estão sempre ligados ao lugar, contrariamente à mobilidade perpétua do capital, tanto os fins como os meios só podiam ser atingidos pelo local e específico.

O movimento socialista, em resumo, reunia o particular e o universal um tanto como o Estado-nação havia tentado fazer, mas de uma forma que envolvia lutar para deitar abaixo aquele Estado. Para o pensamento socialista, o capitalismo, o primeiro modo de produção verdadeiramente global, havia estabelecido algumas das condições para um tipo mais positivo de universalidade. No entanto, para Marx pelo menos, essa universalidade tinha de ser realizada no nível da especificidade individual. O comunismo seria uma relação entre os indivíduos livres e plena-

A ideia de cultura

mente desenvolvidos gerados pela sociedade burguesa liberal e não uma regressão nostálgica à época pré-burguesa. Se a universalidade podia ser construída, só o podia na e por meio da particularidade sensível, ao contrário de uma "má" universalidade iluminista que tentou desviar-se dela. Se o pós-modernismo é um particularismo universalizado, a visão do socialismo é de um universalismo particularizado. O universalismo capitalista tinha feito sua parte ao colocar juntas uma grande quantidade de culturas diferentes, anulando indiferentemente as distinções entre elas. Restava agora ao socialismo tirar vantagem desse fato construindo uma cultura universal sobre essas próprias diferenças. O que era um fato para o capitalismo iria se tornar assim um valor para o socialismo. Marx é tão hostil à *abstração* da universalidade a partir da diferença quanto é à separação do cidadão abstrato do indivíduo concreto, ou da abstração do valor de troca da especificidade sensível do valor de uso.

O internacionalismo socialista já não existe em nenhuma forma significativa. Mas essa é uma das muitas razões pelas quais a cultura se encontra presa, num dilema entre um universalismo imperfeito e um particularismo igualmente defeituoso. Para o pensamento socialista, a universalidade é inerente ao local, e não uma alternativa a ele. Aquilo por que se luta em Bradford é relevante para os que lutam em Bangkok, embora essas duas lutas tomem diferentes formas. A Cultura como valor universal e a cultura como uma forma de vida específica não são necessariamente antagonistas. Isso é às vezes esquecido por aqueles que desculpam o iliberalismo dos oprimidos com base nas suas circunstâncias políticas. Aqui há, na verdade, algum motivo para desculpa; porém, muitos dos oprimidos, em especial os operários e operárias socialistas, têm tido, justamente por causa de suas convicções e não apesar delas, uma mentalidade global em vez de ficarem limitados a seu gueto. Essas convicções levaram-nos a simpatizar com pessoas de diferentes credos e culturas, ao contrário daqueles expropriados para quem tais homens e mulheres são infiéis que precisam ser expurgados. Aqueles liberais ocidentais que defendem essa intolerância, porque é o que seria de se esperar em tais circunstâncias, são, assim, não só condescendentes, mas também ignorantes das tradições socialistas.

De qualquer modo, não se trata de uma escolha entre ser um cidadão do mundo ou um membro de nossa paróquia local, no mínimo porque somos ambas as coisas para diferentes propósitos em diferentes ocasiões. Tanto a cultura como civilidade como a cultura como identidade são dogmáticas a esse respeito, insistindo que somente a visão sinóptica, ou somente uma tomada de posição específica, podem ser válidas. Como tais, são meramente o inverso uma da outra. A verdade é que vivemos cada vez mais em mundos divididos e distintos, e que ainda não chegamos a um acordo com esse fato. Não existe nenhum tamanho "dado" da sociedade, seja ele as ruas da vizinhança do comunitário, a terra natal do nativista, o espaço planetário das empresas transnacionais ou a solidariedade internacional do socialista. Todos esses espaços são flexíveis e entretecidos, e quase todo mundo mantém agora relações com uma série deles simultaneamente. Nós precisamos, como comenta Raymond Williams, "explorar novas formas de sociedades *variáveis*, nas quais, para o âmbito de propósitos sociais, diferentes *tamanhos* da sociedade são definidos para diferentes tipos de questão e decisão".[13] Não é realmente uma afirmação surpreendente partindo de alguém que descreveu a si mesmo como um europeu galês e que nunca se cansou de insistir que o Estado-nação era ao mesmo tempo demasiadamente lerdo e insignificante demais para qualquer política que realmente importasse.

Existe, portanto, uma hibridez geopolítica, assim como uma hibridez cultural ou étnica, e compreender isso pode nos levar

---

13  WILLIAMS, R. *Towards 2000*. Londres: 1983. p.198.

A ideia de cultura

além tanto da Cultura como da cultura. Se as culturas podem ser claustrofóbicas, talvez seja porque falte a seus membros os meios de participar de agrupamentos políticos mais amplos. A intensidade de nossas vinculações locais brota em certa medida de uma alienação mais extensa. Mas o que mais precisamos realizar é uma combinação de vinculações vividas, algumas locais, outras não. Como "vivemos" nossas relações com uma ordem supranacional como a União Europeia é uma questão política em vez de cultural, pelo menos por enquanto; mas esse relacionamento se sobrepõe a lealdades mais locais e culturais, assim como a compromissos étnicos que são propriamente universais. Não há necessidade de imaginar que cada uma dessas ordens deva facilmente mediar as outras, ou que elas devam sempre ser relacionadas numa ordem particular. Francis Mulhern nos lembra que não pode haver nenhum contraste simples entre "identidade", "comunidade" e o "universal" – não apenas porque a própria identidade é uma necessidade universal da existência humana, mas porque todos nós somos um complexo dessas identidades.

Comunidades, argumenta Mulhern, "não são *lugares* mas *práticas* de identificação coletiva cuja ordem variável define amplamente a cultura de qualquer formação social real".[14] Como tais, elas podem ser tão universais quanto locais, e limitar a noção às últimas é fetichizá-la. Pode-se falar de "comunidades abstratas", ou ver a nação como uma "comunidade de estranhos conhecidos".[15] As relações entre cultura e política são analogamente variáveis, dependendo do contexto. Não deveria haver nenhuma suposição iluminista de que a política sempre tem uma ligeira vantagem sobre a cultura, ou – como frequen-

---

14  MULHERN, F. Towards 2000, Or News from You-Know-Where. In: EAGLETON, T. (Ed.) *Raymond Williams:* Critical Perspectives. Oxford: 1989. p.86.

15  Ver JAMES, P. *Nation Formation*. Londres: 1996. cap.1.

temente ocorre no pensamento culturalista – de que é suficiente simplesmente inverter a ordem das prioridades. Não pode mais haver, em resumo, aquele sonho de identidade entre o racional e o afetivo, o cívico e o cultural, que o hífen em "Estado-nação" procurou assegurar. Na verdade, o nacionalismo, que ajudou a forjar esse hífen, poderia hoje em dia ajudar a desalojá-lo, como uma devolução democrática de poder no interior de uma comunidade internacional mais ampla.

Existem outras maneiras, entretanto, pelas quais a política radical desafia tanto a universalidade imperfeita da Cultura como o particularismo defeituoso da cultura. Ela faz isso, por exemplo, por meio de sua recusa em ver totalidade e partidarismo como simples opostos. Para a Cultura, totalidade é o ponto de vista desinteressado daqueles que, num espírito arnoldiano, veem a vida de modo constante e a veem como um todo. A única perspectiva válida, em resumo, é aquela a partir de nenhum lugar. Perspectivas a partir de algum lugar, como aquelas das culturas específicas, são inevitavelmente parciais e distorcidas. Os radicais, ao contrário, não reconhecem tal escolha entre interesses setoriais e imparcialidade global do mesmo modo como as mulheres ou minorias étnicas ou o movimento da classe trabalhadora chegam a ver na promoção de seus próprios objetivos e interesses a possibilidade de uma emancipação mais geral. Grupos sociais particulares podem agora ser os portadores de interesses comuns justamente em seu próprio partidarismo. A sociedade deve ser totalizada não a partir de um ponto privilegiado acima dela, mas a partir de um ponto subordinado dentro dela. A lógica de toda uma situação pode ser decifrada apenas por aqueles que se encontram numa posição específica em relação a ela, já que são eles quem mais precisam desse conhecimento para os fins da emancipação. Eles estão, como dizemos, em posição de saber, uma expressão familiar que nega que posicionamento está necessariamente em desacordo com a verdade.

A ideia de cultura

Globalmente falando, não parece que o Ocidente esteja particularmente bem posicionado para vencer as guerras culturais. Ao menos poderia ser essa a conclusão a tirar, não fosse pelo fato de a cultura como civilidade ter uma enorme força armada por detrás dela. Se a alta cultura é rarefeita demais para ser uma força política efetiva, muito da cultura pós-moderna é por demais frágil, desenraizada e despolitizada. Nenhuma delas se sai particularmente bem se comparada ao Islã, para o qual a cultura é historicamente enraizada e inevitavelmente política. Ele é também uma forma de vida pela qual um número considerável de pessoas está preparado para morrer, o que pode não ser uma política sábia, mas que é mais do que pode ser dito de Mozart ou de Madonna. As maravilhas das comunicações via satélite não parecem muito impressionantes diante da Sagrada Escritura. Além do mais, quanto mais uma cultura pós-moderna bidimensional é exportada para o mundo pós-colonial, mais ela consegue, por reação, atiçar lá as chamas do particularismo cultural.

O pós-modernismo, pelo menos em seus aspectos mais teóricos, pode ser uma maneira valiosa para o Ocidente de reduzir as dimensões de sua própria identidade arrogante. Mas quando chega ao mundo pós-colonial na forma de um consumismo superficialmente atrativo, pode lançar, ali, identidades e comunidades tradicionais em formas muito menos criativas de crise. Esta tem muito mais a ver com desassentamento, migração e desemprego do que com *jouissance*, e pode alimentar um fundamentalismo que é absolutamente a última coisa que um pós-modernismo infinitamente liberal deseja promover. Quase o mesmo acontece nos enclaves fundamentalistas dentro do próprio Ocidente. Por uma curiosa dialética, então, fundamentalismo e antifundamentalismo não são de forma alguma os opostos polares que pareceriam ser. O último pode acabar inadvertidamente a serviço do primeiro. O triunfo final do capitalismo – ver sua própria cultura penetrar nas mais inconspícuas regiões do globo – pode também se mostrar excepcionalmente perigoso para ele.

A disputa entre alta cultura, cultura como identidade e cultura pós-moderna não é uma questão do cosmopolita *versus* o local, já que todas as três os combinam de diferentes maneiras. A alta cultura pode ser cosmopolita, mas também é geralmente baseada na nação; culturas de identidade talvez sejam localizadas, mas também podem ser tão internacionais quanto o feminismo ou o Islã. E a cultura pós-moderna, como vimos, é uma espécie de particularismo universalizado. Tampouco é a discórdia entre esses tipos de cultura basicamente uma disputa entre "alta" e "baixa", uma vez que a assim chamada alta cultura infringe ela mesma cada vez mais essa divisão, e a cultura de identidade tem os seus artefatos sagrados assim como seus ícones populares. O pós-modernismo, igualmente, abarca o popular e o esotérico, o que anda nas ruas e o *avant-garde*. Tampouco é a diferença entre essas formações uma diferença de distribuição geográfica. Tanto na Ásia como na América do Norte pode-se achar alta cultura, seja local ou cosmopolita, nas universidades ou entre a *intelligentsia*; o pós-modernismo pode ser encontrado também nos mesmos lugares, mas igualmente nas discotecas e nos *shopping centers*, ao passo que a cultura como identidade viceja em subculturas, partidos políticos populistas e talvez entre os expropriados.

Mesmo assim, o conflito político entre Cultura e cultura é cada vez mais um conflito também geopolítico. As mais importantes disputas entre a alta cultura e a cultura popular não são entre Stravinsky e as telenovelas, mas entre a civilidade ocidental e tudo aquilo com que ela se defronta em outros lugares. O que ela enfrenta em outros lugares é cultura – mas cultura como uma infusão de nacionalismo, tradição, religião, etnicidade e sentimento popular que, longe de ser qualificada como cultivo aos olhos do Ocidente, é classificada exatamente como o oposto. E esses inimigos podem também ser en-

A ideia de cultura

contrados dentro da própria casa. Aqueles para quem a cultura é o reverso da militância defrontam-se com aqueles para quem cultura e militância são inseparáveis. Enquanto passa sem consideração alguma por cima de comunidades locais e sentimentos tradicionais, a sociedade ocidental deixa uma cultura de ressentimento latente em seu rasto. Quanto mais um falso universalismo desrespeita identidades específicas, mais inflexivelmente essas identidades se afirmam. Cada posição, assim, coloca resolutamente a outra contra a parede. Uma vez que a Cultura reduz o revolucionário William Blake a uma asserção humana atemporal, fica também muito mais fácil para a cultura como identidade rejeitá-lo como um "Homem Branco Morto", privando-se assim perversamente de preciosos recursos políticos.

Em tudo isso, é difícil ver o que é "moderno" e o que não é. A "globalização" é o *dernier cri*, mas poderia também ser vista como a última fase de um modo de produção que já abusou de sua hospitalidade. O Ocidente é moderno, mas a religião e a alta cultura a que recorre para se autolegitimar são tradicionalistas. Seu código moral oficial deriva de uma sociedade do "Terceiro Mundo", a Palestina do século primeiro. Algumas formas de política de identidade – o feminismo, por exemplo – são um produto da modernidade, enquanto outras (comunitarismo, fundamentalismo islâmico) são uma resistência desesperada a ela. Mesmo o pós-modernismo, que para alguns de seus acólitos não é apenas a moda mais recente mas positivamente a derradeira, pode também ser visto plausivelmente como a cultura exausta de um mundo burguês tardio.

Em contrapartida, poder-se-ia vê-lo como um credo razoavelmente tradicional. De certo modo, ele é apenas a mais recente ofensiva do campo nominalista que empreendeu a guerra na Idade Média contra os realistas ontológicos. Com efeito, Frank Farrell argumentou persuasivamente que tanto o modernismo como o pós-modernismo têm realmente sua origem na baixa

Idade Média.[16] Os teólogos medievais estavam divididos entre aqueles para quem o mundo era tênue e indeterminado, e aqueles para quem ele era denso e determinado, e o que estava aqui em jogo era a liberdade divina. Se o mundo é rico em significado inerente, então a liberdade de Deus para fazer o que quiser com ele e, por conseguinte, sua onipotência, parecem drasticamente restringidas. Se a realidade, entretanto, é tanto arbitrária como pouco definida, então não oferece nenhuma resistência à vontade divina e a liberdade absoluta de Deus parece assegurada. Ou sustenta-se que Deus age com respeito pelas propriedades intrínsecas deste mundo, ou que o mundo não tem outras propriedades senão aquelas que Ele livremente lhe confere. É uma versão da velhíssima questão moral sobre se Deus deseja algo porque é bom, ou se é bom porque Ele o deseja. A tradição católica adere de modo geral à primeira concepção, "realista", enquanto a segunda posição, "construtivista", se transmitirá ao protestantismo.

O eu moderno e protestante-individualista torna-se, assim, uma espécie de deidade substituta, imbuindo de significado arbitrário um mundo desprovido de significados "densos" e propriedades sensíveis. O racionalismo encontra no mundo apenas uma espécie tênue, conceitual e matemática de determinação, a qual o despoja de sua abundância material mas deixa-o também como matéria-prima para a produtividade incessante do sujeito. Esse sujeito é agora a única fonte de significado e valor e, em sua liberdade absoluta e semelhante à de Deus, não tolera nenhuma restrição. Os únicos limites impostos a ela são aqueles dos objetos determinados que cria, os quais sempre podem escapar de seu controle soberano e voltar a atormentá-la. Mesmo esse problema, contudo, pode ser eliminado pelo simples desejo, como na doutrina imodesta de Fichte –

---

16 Ver FARRELL, F. *Subjectivity, Realism and Postmodernism*. Cambridge: 1996.

A ideia de cultura

certamente o apogeu da fantasia burguesa –, de que o sujeito postula suas próprias restrições simplesmente a fim de realizar sua liberdade no ato triunfante de transcendê-las. Toda determinação torna-se assim autodeterminação. Real é apenas aquilo que imbuí de meu trabalho, ou o que posso autenticar pessoalmente. O mundo para este esforçado humanismo protestante não tem nenhum significado em si mesmo: é um lugar escuro, atemorizador e inóspito onde não podemos nunca nos sentir em casa. É assim uma filosofia essencialmente trágica, ao contrário daquele sentir-se à vontade no cosmos, daquela convicção de que no fundo tudo está bem, que é a essência da comédia.

Vimos que com Matthew Arnold e outros a Cultura se torna uma espécie de religião deslocada; mas isso também pode ser verdade, mais surpreendentemente, a respeito da cultura secularizada da vida moderna e pós-moderna. Se a pós-modernidade é realmente uma forma tardia de protestantismo, então isso a alinha com a modernidade em vez de colocá-la em desacordo com ela. Onde as duas culturas divergem, entretanto, é em suas atitudes contrastantes acerca da emancipação. Para o pós-modernismo, essa noção pertence a uma modernidade desacreditada, com suas grandes narrativas de progresso contínuo. No entanto, se a pós-modernidade está à frente da modernidade, há também um sentido no qual ela segue atrás. Isso porque a modernidade ainda é uma aspiração para muitas das nações do mundo cujo projeto de modernização foi refreado pelo colonialismo – o que quer dizer, pelo projeto de modernização do Ocidente. Se elas nem sempre podem se permitir ser pós-modernas, é em parte porque o Ocidente pode. No século XX, portanto, grande parte do projeto emancipatório da modernidade – embora de modo algum o projeto inteiro – atravessou as fronteiras do Ocidente, indo para povos reivindicando sua independência do controle colonial.

Boa parte da teoria pós-colonial – aquele setor dela que atua, por assim dizer, como o Ministério das Relações Exteriores do pós-modernismo ocidental, tratando dos assuntos de além-mar – está convencida de que esse momento heroico da modernidade é tão obsoleto no mundo pós-colonial quanto no mundo pós-colonialista. Esta é a razão pela qual ouvimos falar hoje em dia de hibridez, etnicidade e pluralidade, em vez de liberdade, justiça e emancipação. Mas isso significa sincronizar as histórias dos mundos colonialista e colonial de uma forma perigosamente enganosa. A verdade é que para as nações pós-coloniais cujos destinos ainda são determinados pelas vicissitudes do capital ocidental, o projeto de emancipação continua tão relevante como sempre, por muito que possam ter mudado as formas políticas e econômicas de suas clientelas. Acontece apenas que o Ocidente desempenha um importante papel em bloquear esse projeto para os outros, acreditando que o deixou para trás ele próprio. Entregar a modernidade ao passado é, assim, ajudar a obstruir o futuro. Se alguns, nessa curiosa deformação temporal, precisam correr com muito esforço para alcançar a modernidade, é em parte porque outros veem a si mesmos como já a tendo deixado para trás. Torna-se, então, especialmente difícil dizer quem realmente é "moderno" aqui.

Se o capitalismo não é de modo algum tão atualizado quanto parece, tampouco são algumas formas de cultura de identidade tão arcaicas quanto parecem. Estamos ficando acostumados, nos dias de hoje, ao fato de que muitas das tradições aparentemente veneráveis são de uma safra embaraçosamente recente, e que muitos dos *insights* que supostamente surgiram com Habermas de fato remontam a Heráclito. É verdade que o nacionalismo, talvez a mais tenaz de todas as culturas de identidade, é frequentemente *atávico*, mas isso é uma questão diferente. Atavismo à parte, o nacionalismo é uma invenção completamente moderna, bem mais recente do que Shakespeare, embora Shakespeare pertença ao repertório cultural de um Ocidente "moderno" e o nacionalismo, de modo geral, ao léxico de um mundo "retrógrado". Pode-se ver o tema coletivo do naciona-

A ideia de cultura

lismo como uma reversão ao tribalismo, mas pode-se vê-lo igualmente como prefigurando um mundo pós-individualista. Se o nacionalismo volta o seu olhar para um passado (geralmente fictício), é sobretudo para pressionar em direção a um futuro imaginado. Essa particular deformação temporal, que reinventa o passado como uma forma de reivindicar o futuro, tem sido responsável em nossa época por alguns admiráveis experimentos em democracia popular, assim como por uma estarrecedora quantidade de fanatismo e carnificina. Política de identidade é uma das categorias mais inutilmente amorfas de todas as categorias políticas, pois inclui aqueles que desejam libertar--se de patriarcas tribais juntamente com aqueles que desejam exterminá-los. Mas um pós-modernismo que está ocupado liquidando tanto o passado como o futuro em nome de um presente eterno dificilmente pode dirigir-se adequadamente a essa espécie de política. Tampouco pode dirigir-se propriamente a ela uma Cultura que se considera atemporal num sentido bem diferente do termo. Se a Cultura não pode nos salvar, é porque ela realmente não se concebe de modo algum como histórica e, assim, não tem nenhum direito de intervir em assuntos mundanos.

A cultura promete ter grande importância nas próximas décadas, mas a isso, que teria sido música para os ouvidos de Matthew Arnold, não se deve de modo algum dar inequivocamente as boas-vindas. Se a cultura em nossa época tornou-se um meio de afirmação, ela também descobriu novas formas de domínio. Deveríamos recordar-nos, contudo, de que as guerras culturais ocorrem finalmente em quatro frentes, em vez de três. Existe também a cultura de oposição, que produziu alguns excelentes trabalhos no século XX. Cultura de oposição não é necessariamente uma categoria em si mesma; pelo contrário, ela pode ser produzida pela alta cultura, pela cultura pós-moderna, pela cultura de identidade, ou por várias permutações de todas as três. Ela teve vários importantes florescimentos no século XX, na *avant-garde* russa, em Weimar e na contracultura dos anos 60, mas feneceu cada vez tão logo as forças políticas que a sustentavam foram derrotadas. Ela aprendeu o suficiente dessa experiência para saber que o sucesso ou o fracasso da cultura radical são determinados no fim por um único fato: o destino de um movimento político mais amplo.

# 4
## Cultura e natureza

É evidentemente possível amputar a própria mão sem sentir dor. Pessoas que tiveram uma das mãos presa em alguma máquina em certos casos amputaram-na sem sentir dor, pois estavam totalmente absortas na tentativa de se libertar. Também se sabe de manifestantes políticos que atearam fogo a si mesmos sem sentir nada; sua dor bloqueada pela intensidade de sua paixão. Alguém pode bater bem de leve numa criança por alguma infração cometida e ela chora, mas pode-se bater nela com bem mais força durante um jogo e isso só provoca uma risada alegre. Por sua vez, se você bater realmente com força numa criança, de brincadeira, é bem provável que ela chore mesmo assim. Os significados podem moldar respostas físicas, mas são limitados por elas também. As glândulas suprarrenais dos pobres são geralmente maiores do que as dos ricos, já que os pobres sofrem maior estresse, mas a pobreza não é capaz de criar glândulas suprarrenais onde elas não existem. Tal é a dialética da natureza e da cultura.

Pode ser que pessoas que ateiem fogo a si mesmas não sintam nenhuma dor, mas se elas se queimarem de modo suficientemente sério vão perecer mesmo assim. Nesse sentido, a natureza tem sobre a cultura a vitória final, costumeiramente conhecida por morte. Culturalmente falando, a morte é quase ilimitadamente interpretável: como martírio, sacrifício ritual, alívio abençoado da agonia, libertação feliz de um longo sofrimento para um parente, fim natural biológico, união com o cosmos, símbolo da futilidade definitiva etc. Mas o fato é que ainda morremos, não importa que sentido damos a isso. A morte é o limite do discurso, não um produto dele. Ela é parte da natureza, que, nas palavras de Kate Soper, designa "aquelas estruturas e processos materiais que são independentes da atividade humana (no sentido de que não são um produto humanamente criado), e cujas forças e poderes causais são a condição necessária de toda prática humana".[1] O tipo de imodéstia que nega isso, que poderíamos chamar de síndrome da Califórnia, é de se esperar de uma tecnocracia triunfalista que pode derrotar tudo exceto a mortalidade. Daí, sem dúvida, a obsessão da classe média norte-americana com o corpo, obsessão que se revela em quase todas as suas preocupações da moda: câncer, dieta, fumo, esporte, higiene, estar em forma e com boa saúde, assaltos, sexualidade, abuso infantil. Estudos literários cujos títulos não contenham a palavra "corpo" são atualmente vistos com desagrado pelas editoras americanas. Talvez isso ocorra porque uma sociedade pragmática, afinal de contas, acredita apenas naquilo que pode tocar e manusear.

Contudo, a pura realidade do corpo – tanto faz se esbelto, perfurado com *piercings*, siliconado ou tatuado – é também um escândalo para o sonho americano de autocriação. Há mais do que uma simples pitada disso na insistência pós-moderna de

---

1 SOPER, K., *What is nature?*, p.132-3.

que o corpo é uma construção cultural, tanto argila nas mãos do intérprete imaginativo como material a ser amassado pelas mãos do massagista. Em círculos cada vez mais entusiasmados pelo orgânico, a palavra "natural" provoca uma curiosa antipatia. O filósofo americano Richard Rorty escreve que "a única lição tanto da História como da Antropologia é a nossa extraordinária maleabilidade. Estamos chegando a pensar em nós mesmos como o animal flexível, polimorfo e automoldante em vez do animal racional ou do animal cruel".[2] Pergunta-se se o "nós" inclui aqueles fora dos euforicamente automoldantes Estados Unidos, cuja história tem sido mais notável por sua falta de flexibilidade – por ser pouco mais do que um monótono ciclo biológico de necessidade, escassez e opressão política, para o qual o Ocidente inconstante deve ter contribuído. Essa, de fato, foi a experiência típica da esmagadora maioria dos seres humanos na história, e continua sendo hoje. Uma persistência simples e tediosa caracterizou a narrativa humana em grau consideravelmente maior do que uma recriação vertiginosa, não importa como as coisas pareçam da perspectiva da Universidade da Virgínia. Uma repetição que entorpece o espírito foi no mínimo tão central para a história quanto as reinvenções multiformes da indústria da moda nos Estados Unidos.

A fixação americana pelo corpo é uma mistura curiosa de hedonismo e puritanismo – o que, sem dúvida alguma, não é surpreendente, já que o hedonismo é a ideia que um puritano indignado tem de divertimento. É por isso que se pode encontrar supermercados nos Estados Unidos com avisos nas portas onde se lê: "É proibido fumar num raio de 25 metros desta loja",

---

2 RORTY, R., Human Rights, Rationality, and Sentimentality, p.72. Rorty parece pressupor nesse ensaio que a única base para a noção de uma natureza humana universal é a ideia de racionalidade, o que está longe de ser o caso.

ou regiões conscientizadas a respeito de dietas e alimentação saudável nas quais Papais Noéis gordos são agora indesejados. O terror ao fumo da classe média americana é, por um lado, eminentemente racional, já que fumar pode ser letal; contudo, por outro, o fumo também significa a influência impalpável pela qual um corpo invade e contamina outro, numa sociedade que valoriza seu espaço somático e que, ao contrário de Beijing, tem espaço de sobra. Uma americana murmurará "Com licença" se se aproximar de você a menos de cinco metros de distância. O medo patológico americano do cigarro é tanto um medo de extraterrestres quanto de câncer do pulmão. Como as repugnantes criaturas de *Alien*, fumo e câncer são aquelas terríveis porções de alteridade que conseguem de alguma forma se insinuar no âmago do ser de alguém. Na verdade, também o são a comida e a bebida, das quais a classe média americana agora se aproxima temerosa e tremendo. Pôr para dentro de você quais bocados dessas perigosas substâncias tornou-se agora uma neurose nacional. Dormir, também, é uma rendição do corpo a forças incontroláveis, o que pode ser uma razão (o desejo de lucro é sem dúvida uma outra) pela qual os americanos parecem ser incapazes de ficar na cama. Hillary Clinton recentemente teve um café da manhã *pré-amanhecer* com os seus consultores.

Talvez seja por isso que os estudos culturais norte-americanos sejam tão fascinados pelo carnavalesco, cujo corpo estirado e licencioso representa tudo que o totalmente abotoado corpo puritano não é. E se o corpo precisa ser purgado de suas impurezas, assim também a linguagem, naquele fetichismo do discurso conhecido como o politicamente correto. Recentemente, em Standish, Michigan, um homem caiu num rio e quase se afogou. Depois de ser resgatado, foi preso por praguejar diante de mulheres e crianças, uma ofensa que tem uma pena máxima de noventa dias de prisão. A linguagem monótona, taciturna e artificialmente natural apreciada por cursos americanos de redação criativa reflete uma desconfiança puritana do estilo que é equivalente à esterilidade. Foram as afirmações ambíguas de Bill Clinton, tanto quanto sua predileção por sexo oral, que o condenaram como um libertino aos olhos de republicanos que falam sem rodeios. Talvez isso explique parte do sucesso da ambiguidade pós-estruturalista nos Estados Unidos, como reação a uma sociedade onde o falar sem rodeios está próximo da santidade. Nenhum evento histórico solene nos Estados Unidos estaria completo sem uma metáfora caseira extraída do beisebol. Uma desconfiança da forma como falsidade, herdada de uma fase anterior da sociedade burguesa, está ainda disseminada em uma nação que é escrava do simulacro embora dê pouca consideração ao estilo. Há pouco terreno intermediário no discurso americano entre o formal e o coloquial, entre o jargão barroco da academia e a vivacidade grosseira da linguagem comum. Numa distinção jamesiana, a Europa pode ser *fina*, toda estilo e espírito e vigor, mas os Estados Unidos são *bons*, e devem estar preparados para pagar o preço desagradável dessa virtuosidade.

Isso afeta também o discurso público, o qual, nos Estados Unidos, continua seriamente vitoriano, cheio de brandos e elevados devocionismos: "Orgulhosamente servindo às famílias americanas desde 1973"; "Celebrando a alegria das crianças crescendo por meio da interação" (um anúncio de cereais); "Um verdadeiro americano, probo e íntegro". É um modo de falar otimista, superlativo, como convém a uma sociedade em que a melancolia e a negatividade são vistas como ideologicamente subversivas. A retórica sentimental e moralista de um estágio anterior da produção capitalista, cheia de entusiasmo ingênuo e de uma implacável disposição a enfrentar desafios, sobrevive ainda em um presente cinicamente consumista. A nação está nas garras de um voluntarismo impiedoso, que se enfurece contra qualquer restrição material e insiste com toda a fantasia idealista de um Fichte que você pode romper com ela se você tentar. "Eu sou mais forte do que o maior dos pedófilos", mente uma criança em um pôster público. "Não gosto de ouvir a expressão 'não posso'", protesta um executivo de empresa. Não é uma sociedade hospitaleira ao fracasso ou ao sofrimento. "Espero que não haja ninguém doente aqui", berra um animador visitando um hospital, como se a doença fosse antiamericana. A programação infantil na televisão é uma orgia de sorrisos largos e radiantes, um instrumento opressivamente didático impulsionando uma versão deformada do mundo como inexoravelmente brilhante. Numa demonstração de notável mau gosto, espera-se até mesmo que alguém cante louvores a seus próprios filhos. Os políticos americanos ainda usam a linguagem pomposa da divindade para justificar suas ações obscuras de maneiras que fariam os franceses se dobrarem de riso e os ingleses olharem embaraçadamente para o bico de seus sapatos. A emoção precisa ser teatralizada para ser real. Numa cultura desabituada à reticência ou à obliquidade, qualquer coisa que se sinta deve ser instantaneamente externalizada. E enquanto a retórica pública fica cada vez mais inflada, a fala privada se esfacela quase até o silêncio. Uma afirmação como "Ele rejeitou minha proposta, e mesmo tendo eu continuado a insistir ele foi inflexível na sua recusa" torna-se em um inglês americano de juventude *"Like he was all 'uh-uh' and I was like kinda 'hey!' but he was like 'no way' or whatever"*. ["Como ele tava totalmente 'ãh-ãh', eu tava tipo 'vamo lá!' mas ele ficou naquela de 'negativo' ou coisa assim".]

Se o determinismo europeu provém de uma sufocação pela história, o voluntarismo americano vem da asfixia pela falta dela. Pode-se, assim, reinventar a si mesmo quando quiser, uma fantasia agradável que Richard Rorty elevou à dignidade de uma filosofia. O presidente da Suprema Corte, nas audiências sobre o *impeachment* do presidente Clinton, vestia ao entrar no Senado a toga preta regulamentar, mas à qual ele havia acrescentado algumas faixas douradas, inspirado por uma recente representação do musical *Iolanthe* de Gilbert e Sullivan. Os mórmons americanos, em seus esforços para reconciliar a idade do uni-

A ideia de cultura

verso com sua crença de que Deus o criou bem recentemente, afirmam que Deus criou o mundo de modo a parecer mais velho do que realmente é. O cosmos, para usar a linguagem do comércio de antiguidades, foi "artificialmente envelhecido", e quase o mesmo vale para algumas tradições americanas. Na verdade, o próprio mormonismo é entre outras coisas uma reação, com cabelos cortados à escovinha, ao escândalo de que Jesus Cristo era um semita pré-moderno e não americano. E se os Estados Unidos estão relativamente livres do peso da história, são igualmente alheios à Geografia, assunto em que são notoriamente incompetentes. Como uma das sociedades mais provincianas do mundo, estão isolados de qualquer lugar exceto o Canadá (muito parecido) e a América Latina (muito assustadoramente diferente), com espantosamente pouco sentido de como são vistos do exterior. Se indivíduos de uma gordura verdadeiramente surreal patrulham complacentemente suas ruas, é em parte porque não fazem nenhuma ideia de que isso não está acontecendo em qualquer outro lugar. Os norte-americanos usam a palavra "América" muito mais frequentemente do que os dinamarqueses usam "Dinamarca", ou os malásios, "Malásia". Sem dúvida isso é o que acontece quando a perspectiva que você tem de outros países é obtida, na maior parte dos casos, através das lentes de uma câmera ou a partir da nacela de um bombardeiro.

Muito do "culturalismo" pós-moderno – a doutrina de que tudo nos assuntos humanos é uma questão de cultura – torna-se inteligível quando o fazemos retornar a esse contexto. Os culturalistas, em resumo, têm eles mesmos que ser culturalizados, e a insistência pós-moderna em historizar voltou-se contra a própria teoria pós-moderna. Para o culturalismo, que se junta ao biologismo, economismo, essencialismo etc. como um dos grandes reducionismos contemporâneos, não se pode absolutamente falar de uma dialética entre Natureza e cultura, já que a Natureza é de qualquer modo cultural. Não está claro o que significa afirmar, digamos, que sangrar ou o Mont Blanc são culturais. É verdade que os *conceitos* de sangrar e de Mont Blanc são, com toda a sua rica carga de implicações, culturais; mas isso é uma mera tautologia, pois o que mais poderia ser um conceito? Como poderia alguém imaginar que não fosse cultural? Como observa o filósofo italiano Sebastiano Timpanaro, "sustentar, já que o 'biológico' sempre nos é apresentado mediado pelo 'social', que o 'biológico' não é nada e o 'social' é tudo, seria ... um sofisma idealista".[3]

Kate Soper mostrou em *What is nature?* [O que é a natureza?] a incoerência lógica da concepção culturalista, que só para defender seu ponto de vista é forçada a postular a existência das próprias realidades que nega. Para esse "antinaturalismo metafísico", a natureza, o sexo e o corpo são inteiramente produtos de convenção – caso em que é difícil saber como se supõe que alguém possa julgar, por exemplo, que certo conjunto de normas sexuais é mais emancipado do que outro.[4] De qualquer modo, por que seria tudo redutível à cultura, em vez de a alguma outra coisa? E como estabelecemos essa importante verdade? Por meios culturais, presume-se; mas não seria isso muito parecido com afirmar que tudo se reduz à religião, e que sabemos disso porque a lei de Deus nos diz assim?

Esse relativismo cultural gera ainda outros problemas bem discutidos. É a crença de que tudo é culturalmente relativo, ela própria relativa a um referencial cultural? Se é, então não há necessidade de aceitá-la como uma verdade do Evangelho; se não, então ela rebate a sua própria afirmação. E a proposição não parece aspirar a uma validade universal que também repudia? Os relativistas culturais não gostam de falar sobre universais, mas essa fala é uma parte integrante de muitos referenciais culturais, e não apenas do Ocidente. Esse é um dos vários sen-

---

3 TIMPANARO, S. *On Materialism*. Londres: 1975. p.45
4 Ver SOPER, K., op. cit., cap.4.

A ideia de cultura

tidos em que o local e o universal não são de forma alguma opostos polares, não importa o que um pós-modernismo supostamente hostil a oposições binárias possa acreditar. Se o discurso acerca de universais funciona de forma bastante frutífera dentro desses referenciais locais, enriquecendo a linguagem e possibilitando algumas distinções produtivas, por que censurá-lo? O pragmatismo, um credo propagado por muitos relativistas culturais, parece não fornecer nenhuma base que permita fazer isso. Ainda que, se o pragmatismo julga a verdade das teorias pelo que se pode extrair delas, pareceria estranho que esposasse uma doutrina como o relativismo cultural, já que este parece não fazer nenhuma diferença prática. Na verdade, como poderia dizer Wittgenstein, ele se cancela inteiramente e deixa tudo exatamente como estava. Alguns relativistas culturais são menos pragmatistas do que coerentistas, sustentando que uma crença é verdadeira se for coerente com o resto das nossas crenças. Mas julgar isso pareceria exigir exatamente o tipo de epistemologia realista que o coerentismo rejeita. Como exatamente averiguamos se nossas crenças se ajustam umas às outras? De qualquer modo, se todas as culturas são relativas, então todas elas são etnocêntricas – caso em que nenhum estigma especial se prende ao Ocidente a esse respeito.

Há uma bem entrincheirada doutrina pós-moderna de que o natural é não mais do que uma naturalização insidiosa da cultura. É difícil ver exatamente como isso se aplica ao sangrar ou ao Mont Blanc, mas essa afirmação, apesar de tudo, é frequentemente feita. O natural, uma palavra que hoje em dia precisa ser compulsivamente colocada entre aspas, é simplesmente o cultural congelado, preso, consagrado, des-historicizado, convertido em senso comum espontâneo ou verdade dada por certa. É verdade que grande parte da cultura é assim; mas nem toda cultura se ilude achando-se eterna e inalterável, um fato que pode torná-la ainda mais politicamente recalcitrante. Nem todos os democratas liberais de centro-esquerda imaginam que seu credo estivesse florescendo vigorosamente na época de Nabucodonosor. De Edmund Burke a Michael Oakshott, é o historicismo, e não a estase metafísica, que tem sido uma das ideologias dominantes do conservadorismo europeu nos últimos dois séculos. E alguns preconceitos culturais realmente parecem ser pelo menos tão tenazes quanto hera ou cracas. É mais fácil extirpar ervas daninhas do que o sexismo. Transformar toda uma cultura seria muito mais trabalhoso do que represar um rio ou arrasar uma montanha. Nesse sentido, pelo menos, a natureza é uma matéria bem mais tratável do que a cultura. De qualquer modo, as pessoas nem sempre suportam estoicamente aquilo que consideram natural. O tifo é natural, mas gastamos muita energia tentando erradicá-lo.

É curioso ver a natureza nesses termos piamente wordsworthianos como atemporal, inevitável e mudamente duradoura numa época em que ela é tão flagrantemente um material flexível. De fato, o uso pós-moderno pejorativo de "natural" está interessantemente em desacordo com o reconhecimento ecológico pós-moderno da fragilidade doentia da natureza. Muitos fenômenos culturais se mostraram mais obstinadamente persistentes do que uma floresta tropical. E a teoria da natureza predominante na nossa época tem sido uma teoria de processo, luta, e variação sem fim. São os apologistas profissionais da cultura, não os exploradores da natureza, que insistem em caricaturar a natureza como inerte e imóvel, tal como são apenas os que estão nas ciências humanas que insistem em manter a antiga imagem da ciência como positivista, desinteressada, reducionista e tudo o mais, mesmo que seja pelo prazer farisaico de derrubá-la. As ciências humanas sempre desprezaram as ciências naturais; mas enquanto essa antipatia antes tomava a forma de ver os cientistas como matutos execráveis, com pelos nos ouvidos e remendos de couro nos cotovelos do paletó, ela hoje assume a aparência de uma desconfiança com relação a qualquer conhecimento transcendente. O único inconveniente

A ideia de cultura

dessa atitude anticientífica é que ela tem sido compartilhada pelos mais interessantes filósofos da ciência por um tempo bastante longo.

O culturalismo é uma reação exagerada, mas compreensível, a um naturalismo que, de Thomas Hobbes a Jeremy Bentham, viu a humanidade em termos virulentamente anticulturais como um mero conjunto de apetites corporais fixos. Esse foi também um credo hedonista, para o qual a dor e o prazer eram preeminentes – ironicamente, visto que um culto do prazer bem diferente aparece no culturalismo. O culturalismo, entretanto, não é apenas um credo suspeitamente egoísta para intelectuais que têm apreço pela cultura, mas sob certos aspectos um credo inconsistente, já que tende a depreciar o natural enquanto o reproduz. Se a cultura realmente se estende a tudo, então parece desempenhar o mesmo papel que a natureza, e parece-nos tão natural quanto ela. Isso, pelo menos, é verdade quanto a qualquer cultura *particular*, embora o ponto principal do culturalismo seja o insistir que todas as culturas reais também são em certo sentido arbitrárias. Eu tenho de ser *algum* tipo de ser cultural, mas não algum tipo específico qualquer de ser cultural. De modo que há alguma coisa de inevitavelmente irônico sobre eu ser armênio, já que eu sempre poderia ter sido do Arkansas. Mas então eu não teria sido quem sou e, assim, ser armênio parece-me afinal de contas perfeitamente natural, e o fato de que eu poderia ter sido do Arkansas não vem ao caso.

Afirmar que somos criaturas inteiramente culturais absolutiza a cultura por um lado e relativiza o mundo por outro. É como afirmar que o fluxo é o fundamento do universo. Se a cultura realmente é ubíqua, constitutiva da minha própria identidade, então é difícil para mim imaginar não ser o ser cultural que sou, mas isso é exatamente o que um conhecimento da relatividade da minha cultura me induz a fazer. Com efeito, é exatamente aquilo que a cultura em um outro sentido – a imaginação

137

criativa – insiste que eu faça. Como pode alguém ser ao mesmo tempo cultivado e culto, inexoravelmente formado por um modo de vida e ainda assim cheio de empatia imaginativa por outros tais mundos da vida? Parece que tenho de, de alguma forma, não levar muito a sério a própria diferença que me define, dificilmente a postura mais confortável para se manter.

Os culturalistas se dividem entre aqueles, como Richard Rorty, que propagam um tanto cerebralmente essa postura irônica, e aqueles, como o Stanley Fish de *Doing what comes naturally* [Fazendo o que vem instintivamente], que insistem, de modo mais alarmante mas também mais plausível, que se minha cultura se estende a tudo então é certo e inevitável para mim "naturalizá--la" como absoluta. Qualquer entendimento de outra cultura será então apenas um movimento dentro da minha própria. Ou somos prisioneiros de nossa cultura, ou podemos transcendê-la apenas cultivando uma disposição mental irônica. E isso é um privilégio limitado aos poucos civilizados. A distinção de Rorty entre ironia e crença popular é apenas uma outra versão da dicotomia de Althusser entre teoria e ideologia.

O que se deixa de ver, nos dois casos, é que o tipo peculiar de animais culturais que somos tem a característica de não levar nossos determinantes culturais tão a sério. Isso não é algo além da nossa determinação cultural, mas apenas parte da maneira como ela funciona. Não é algo que transcende nossa cultura, mas algo que é constitutivo dela. Não é uma atitude irônica que eu adoto para comigo mesmo, mas parte da natureza da individualidade. O eu "essencial" não é um eu além da moldagem cultural, mas um eu que é culturalmente moldado de maneira específica, autorreflexiva. O que está errado aqui, como Wittgenstein poderia ter dito, é uma imagem que nos mantém cativos – a metáfora latente de cultura como um tipo de prisão. Somos mantidos cativos aqui por uma imagem de cativeiro. Existem diferentes culturas, cada uma das quais dá feitio a uma forma distinta de individualidade, e o problema é como elas podem se comunicar entre si. Mas pertencer a uma cultura significa apenas ser parte de um contexto que é inerentemente ilimitado e aberto.

Como o terreno bruto da própria linguagem, as culturas "funcionam" exatamente porque são porosas, de margens imprecisas, indeterminadas, intrinsecamente inconsistentes, nunca inteiramente idênticas a si mesmas, seus limites transformando-se continuamente em horizontes. É certo que elas são por vezes mutuamente opacas; todavia, quando *conseguem* ser mutuamente inteligíveis não é em virtude de alguma metalinguagem compartilhada na qual ambas podem ser traduzidas, assim como não é o caso que o inglês só possa ser traduzido para o servo-croata por meio de alguma terceira linguagem que abranja os dois. Se o "outro" encontra-se além da minha compreensão, não é por causa da diferença cultural mas porque ele é, afinal de contas, ininteligível para si mesmo também.

A questão é formulada mais sugestivamente por Slavoj Žižek, um de nossos principais teóricos da alteridade. O que torna possível a comunicação entre diferentes culturas, conforme argumenta Žižek, é o fato de que o limite que impede nosso pleno acesso ao Outro é *ontológico*, não meramente epistemológico. Isso dá a impressão de tornar as coisas piores em vez de melhores, mas o que Žižek quer dizer é que aquilo que faz com que o Outro seja de difícil acesso, em primeiro lugar, é o fato de que ele ou ela nunca é completo, nunca é totalmente determinado por um contexto, mas sempre em alguma medida "aberto" e "fluinte". É como não conseguir apreender o significado de uma palavra estrangeira por causa de sua inerente ambiguidade, e não por causa de nossa incompetência linguística. Toda cultura, portanto, tem um ponto cego interno em que ela falha em apreender ou estar em harmonia consigo mesma, e perceber isso, na visão de Žižek, é compreender essa cultura mais completamente.

É no ponto em que o Outro está deslocado em si mesmo, não totalmente determinado por seu contexto, que podemos encontrá-lo mais profundamente, uma vez que essa auto-opacidade é também verdadeira de nós mesmos. Eu compreendo o Outro quando me torno consciente de que o que nele me aflige, sua natureza enigmática, é um problema também para ele. Como Žižek coloca: "A dimensão do Universal emerge, assim, quando as duas carências – a minha e a do Outro – se sobrepõem ... O que nós e o Outro inacessível compartilhamos é o significante vazio que representa o X que elude ambas as posições".[5] O universal é aquela brecha ou fissura em minha identidade que a abre a partir de dentro para o Outro, impedindo-me de me identificar completamente com qualquer contexto particular. Mas essa é a nossa maneira de pertencer a um contexto, e não uma maneira de não ter um. Faz parte da situação humana estar "desjuntado" com relação a qualquer situação específica. E a violenta ruptura que advém dessa conexão do universal a um conteúdo particular é o que conhecemos como o sujeito humano. Os seres humanos se movem na conjunção do concreto e do universal, do corpo e do meio simbólico; mas esse não é um lugar onde alguém possa se sentir alegremente em casa.

A natureza, por sua vez, é exatamente esse sentir-se em casa. Acontece apenas que ela não é para nós, mas para aqueles outros animais cujos corpos são tais que eles têm um poder limitado de não levar a sério seus contextos determinantes. O que significa que aqueles animais não operam em primeira linha pela cultura. Por se moverem dentro de um meio simbólico e por serem de certo tipo material, nossos próprios corpos têm a capacidade de se estender para muito além dos seus limites sensíveis, naquilo que conhecemos como cultura, sociedade ou tecnologia. É porque nosso ingressar na ordem simbólica – a linguagem e tudo que ela traz em sua esteira – nos deixa com alguma liberdade de movimentação entre nós mesmos e

---

5 ŽIZĚK, S. *The Abyss of Freedom/Ages of the World*. Ann Arbor: 1997. p.50 e 51.

nossos determinantes, que somos aquelas criaturas internamente deslocadas, não autoidênticas, conhecidas como seres históricos. História é o que acontece a um animal constituído de tal modo que é capaz, dentro de certos limites, de definir suas próprias determinações. O que é peculiar a respeito de uma criatura criadora de símbolos é que pertence à sua natureza transcender a si mesma. É o signo que abre aquela distância operativa entre nós mesmos e nossos arredores materiais e que nos permite transformá-los em história. Não apenas o signo, certamente, mas em primeiro lugar a forma como nossos corpos são moldados, capazes tanto de trabalho complexo como daquela comunicação que deve necessariamente sustentá-lo. A linguagem ajuda a nos libertar da prisão de nossos sentidos, ao mesmo tempo que nos abstrai nocivamente deles.

Como o capitalismo de Marx, então, a linguagem abre de um só golpe novas possibilidades de comunicação e novos modos de exploração. A transição do jardim tedioso e feliz da existência sensível para o estimulante e precário plano da vida semiótica foi uma *felix culpa*, um Pecado Original que foi um cair para cima em vez de para baixo. Por sermos animais tanto simbólicos como somáticos, potencialmente universais mas pateticamente limitados, temos uma capacidade embutida para a imodéstia. Nossa existência simbólica, abstraindo-nos das restrições sensoriais de nossos corpos, pode levar-nos a nos excedermos e nos destruirmos. Somente um animal linguístico poderia criar armas nucleares, e só um animal material poderia ser vulnerável a elas. Somos menos sínteses esplêndidas de natureza e cultura, de materialidade e significado, do que animais anfíbios presos no salto entre anjo e fera.

Talvez isso se oculte em algum lugar na raiz da nossa atração pelo estético – aquela forma peculiar de matéria que é magicamente maleável ao significado, aquela unidade do sensível e do espiritual que falhamos em atingir em nossas dualísticas vidas diárias. Se se deve dar crédito à teoria psicanalítica, a elevação de nossas necessidades corporais no nível de demanda linguística torna possível aquele modo de ser para sempre extrínseco a nós mesmos que conhecemos como o inconsciente. Mas nesse potencial perpétuo para a tragédia reside também a fonte de nossas melhores realizações. Viver como um vombate é bem menos alarmante, mas também muito menos fascinante. Liberais pró-vombate podem considerar esse comentário excessivamente condescendente, mas aqueles que sustentam que os vombates podem levar secretamente uma vida interior de agonia e êxtase estão certamente enganados. Somente de criaturas capazes de certas comunicações complexas pode-se afirmar que têm uma vida interna. E só aqueles que podem efetuar tal comunicação intrincada são também capazes de segredo.

Os humanos são mais destrutivos do que os tigres porque, entre outras coisas, nossos poderes simbólicos de abstração nos permitem ignorar inibições sensíveis sobre matar membros da própria espécie. Se eu tentasse estrangular você com minhas próprias mãos, eu provavelmente só conseguiria ficar nauseado, o que seria para você desagradável, mas dificilmente letal. A linguagem, contudo, permite-me destruir você a distância, onde inibições físicas não mais se aplicam. Não existe provavelmente nenhuma distinção estrita entre o animal linguístico e os outros animais, mas existe um imenso abismo entre o animal irônico e os outros animais. Criaturas cuja vida simbólica é rica o suficiente para permitir-lhes ser irônicas estão em perpétuo perigo.

É importante perceber que essa capacidade para a cultura e a história não é só um acréscimo à nossa natureza, mas reside no seu âmago. Se, como sustentam os culturalistas, nós fôssemos realmente apenas seres culturais, ou, como sustentam os naturalistas, apenas seres naturais, então nossas vidas seriam muito menos carregadas. O problema é que estamos imprensados entre a natureza e a cultura – uma situação de considerável interesse para a psicanálise. Não é por ser a cultura a nossa natureza, mas por ser *de* nossa natureza, que a nossa vida se torna difícil. A cultura não suplanta simplesmente a natureza; em vez disso, ela a complementa de uma maneira que é tanto necessária como supérflua. Nós não nascemos como seres culturais, nem como seres naturais autossuficientes, mas como criaturas cuja natureza física indefesa é tal que a cultura é uma necessidade se for para que sobrevivamos. A cultura é o "suplemento" que tampa um buraco no cerne de nossa natureza e nossas necessidades materiais são então remodeladas em seus termos.

O dramaturgo Edward Bond fala das "expectativas biológicas" com as quais nascemos – a expectativa de que "o despreparo do bebê receberá cuidados, de que lhe será dado não apenas alimento, mas segurança emocional, que sua vulnerabilidade será protegida, que ele nascerá em um mundo que está esperando para recebê-lo e que sabe *como* recebê-lo".[6] Talvez não seja surpreendente, à luz do que veremos depois, que essas palavras ocorram no prefácio de Bond à sua peça *Lear*. Tal sociedade, insiste Bond, constituiria uma verdadeira "cultura" – razão pela qual ele rejeita a aplicação do termo para a civilização capitalista contemporânea. Tão logo o bebê se defronta com a cultura, sua natureza é transformada em vez de abolida. Não é que tenhamos um acréscimo, conhecido como significado, à nossa existência física, tal como um chimpanzé poderia usar um colete púrpura; trata-se, em vez disso, de que tão logo o significado sobrevenha à nossa existência física, essa existência não pode continuar idêntica a si mesma. Um gesto físico não é um modo de se desviar da linguagem, já que é apenas no interior da linguagem que ele conta como gesto.

Nisso tudo os culturalistas insistem com razão. No entanto, a cultura, seja isso positivo ou negativo, não se estende a tudo. A natureza não é apenas argila nas mãos da cultura, e, se fosse, as consequências políticas bem poderiam ser catastróficas.

---

6  BOND, E. *Lear*. Londres: 1972. p.viii.

Uma cultura seria imprudente se tentasse suprimir o tipo de necessidades que temos em virtude daquilo que o jovem Marx chama de nossa "essência de espécie" – necessidades como alimento, sono, abrigo, calor, integridade física, companheirismo, satisfação sexual, um grau de dignidade e segurança pessoal, ausência de dor, de sofrimento e de opressão, uma modesta dose de autodeterminação etc. Se a natureza é moldada pela cultura, também é resistente a ela, e poder-se-ia esperar uma forte resistência política a um tal regime de negação de necessidades. As necessidades naturais – necessidades que temos apenas em virtude do tipo de corpo que somos, não importando a miríade de formas culturais que eles podem assumir – são critério de bem-estar político, no sentido de que as sociedades que as frustram deveriam ser politicamente rechaçadas.

Em caso contrário, a doutrina de que a natureza da humanidade é a cultura pode ser politicamente conservadora. Se a cultura realmente molda a nossa natureza desde a base, então não parece haver nada nessa natureza que possa se opor a uma cultura opressiva. Michel Foucault tem um problema parecido para explicar como aquilo que é totalmente constituído pelo poder pode vir a resistir a ele. É claro que grande parte da resistência a culturas particulares é ela própria cultural, no sentido de que emerge totalmente de demandas que foram culturalmente geradas. Mesmo assim, não deveríamos estar demasiado ansiosos em abdicar da crítica política implícita em nossa essência de espécie – especialmente num mundo onde o poder protege a si mesmo usurpando não apenas nossas identidades culturais, mas nossa integridade física. Não é, finalmente, infringindo direitos culturais, mas pela tortura, pelo poder das armas e pela morte que esses regimes salvaguardam seus privilégios. E não é o argumento mais convincente contra a tortura afirmar que ela viola meus direitos como cidadão. Aquilo que violaria os direitos de qualquer cultura, seja qual for, não pode ser denunciado simplesmente em bases culturais.

A ideia de cultura

O tratado teórico mais esclarecedor sobre a influência recíproca entre natureza e cultura é *O rei Lear*. Quando a filha de Lear o repreende por manter um séquito de rufiões dos quais ele não tem necessidade, Lear responde recorrendo ao exemplo da cultura como complemento:

> Oh! não discutais sobre a necessidade! Nossos mendigos mais pobres
> Mesmo na maior necessidade coisas supérfluas possuem.
> Concedei à natureza não mais do que a natureza precisa,
> E a vida do homem será tão barata como a das feras.

(Ato II, Cena IV)

Neste que é um de seus momentos mais luminosos, Lear percebe que é próprio da natureza humana gerar certo excedente. Seria antinatural para os seres humanos não estarem em excesso de si mesmos, gozando de uma superfluidade além da estrita necessidade material. A natureza humana é naturalmente antinatural, extrapolando as medidas simplesmente em virtude do que é. É isso que distingue os humanos das "feras", cujas vidas são rigorosamente determinadas por suas necessidades de espécie. Não existe nenhuma *razão* para essa tendência em nós de exceder as exigências mínimas da sobrevivência física; é apenas parte da maneira como somos construídos que a demanda deva ultrapassar a necessidade, que a cultura deva ser de nossa natureza. Certa prodigalidade está embutida naquilo que somos, de modo que qualquer situação real é fadada a secretar um potencial irrealizado. É em virtude disso que somos animais históricos.

Mas quanta prodigalidade? *O rei Lear* é, entre outras coisas, uma meditação sobre a dificuldade de responder a essa pergunta sem ser nem sovina nem esbanjador. Nosso mais óbvio excedente sobre a mera existência corporal é a linguagem, e a peça começa com um maciço exagero dela. Goneril e Regan, as ardilosas filhas de Lear, lutam para sobrepujar uma à outra em retórica mentirosa, traindo por um excesso de linguagem um amor que é pequeno demais. Esse esbanjamento verbal então obriga sua irmã Cordélia a uma perigosa escassez de palavras, enquanto a própria vaidade arrogante de Lear só pode ser disciplinada sendo ele posto para fora, no meio de uma natureza impiedosa. A natureza chama-o de volta à sua existência de criatura como corpo material, e a tempestade e o sofrimento levam os limites de seu corpo a uma exposição extrema aos elementos. Ele precisa aprender, nas palavras de Gloucester, a "ver sensivelmente", recolhendo a sua consciência imodesta de volta às restrições sensíveis do corpo natural. Somente reexperienciando o corpo, o meio de nossa comum humanidade, é que ele aprenderá a sentir pelos outros no ato de sentir a si mesmo.

Ser puramente corporal, entretanto, é ser não mais do que um prisioneiro da própria natureza, o que é verdade, na peça, no que diz respeito a Goneril e Regan. Há uma linha estreita entre ser constrangido na carne pelas necessidades dos outros e ser não mais do que uma função passiva dos próprios apetites corporais. Se o "culturalismo" do Lear inicial dá muita importância a signos, títulos e poder, imaginando vaidosamente que as representações podem determinar a realidade, o naturalismo de um manipulador como Edmund enfoca o perigo oposto. Edmund é um cínico para quem a natureza é fato em vez de valor, matéria sem significado a ser manipulada; valor para ele é apenas uma ficção cultural arbitrariamente projetada sobre o texto em branco do mundo. Existe, portanto, algo tão perigoso quanto admirável naqueles que são incapazes de serem falsos com relação aos que são. Edmund é um genuíno determinista a esse respeito: "Eu teria sido o que eu sou, ainda que a mais virginal estrela do firmamento tivesse piscado por ocasião de minha bastardização". E Goneril e Regan, depois de sua dissimulação inicial, acabam sendo tão cruelmente fiéis à sua natureza quanto tigres ou tornados.

A incapacidade de Cordélia de mentir a si mesma, ao contrário, é um sinal de valor; mas também o são as ações redentoras de Kent, Edgar e o Bobo, que vestem máscaras, fabricam

A ideia de cultura

ilusões e brincam travessamente com a linguagem para restituir o monarca enlouquecido ao juízo. Há tanto uma forma criativa como uma forma destrutiva de não levar muito a sério a própria natureza, na medida em que as ficções da "cultura" podem ser utilizadas em proveito da compaixão corporal. Mas há também uma forma criativa e uma forma destrutiva de ser fiel à própria natureza. A cultura, ou consciência humana, precisa estar ancorada no corpo compassivo para ser autêntica; a própria palavra "corpo" lembra tanto nossa fragilidade individual como nosso ser genérico. Contudo, a cultura não pode ser *reduzida* ao corpo natural, um processo do qual a morte é o símbolo derradeiro, já que isso pode levar ou a ser uma presa brutalizada dos próprios apetites ou a um materialismo cínico para o qual nada além dos sentidos é real. Há na peça um problema semelhante com relação à linguagem, que, como é usual em Shakespeare, tem dificuldade em encontrar um meio-termo entre ser pródiga e pobremente funcional. A fala excessivamente direta de Kent contrapõe-se ao estilo afetado de Oswald, ao passo que o discurso de Goneril é tão implacavelmente econômico quanto o de Edgar é atordoantemente elaborado.

Como sempre em Shakespeare, o conceito de excedente é profundamente ambivalente. É ao mesmo tempo a marca da nossa humanidade e o que nos leva a transgredi-la. Cultura demais diminui nossa capacidade de sentir junto com nossos companheiros humanos, enfaixando nossos sentidos para protegê-los de uma exposição à miséria dos outros. Se apenas pudéssemos sentir essa aflição no corpo, como Lear aprende tateantemente a fazer, então o resultado seria um excedente num sentido bem diferente da palavra:

> Toma remédio, fausto;
> Expõe-te a sentir o que os miseráveis sentem,
> Para que possas lançar o supérfluo a eles,
> E mostrar os céus mais justos ...
>
> (Ato III, Cena IV)

Que o homem saturado do supérfluo e dos prazeres
Que deixa subservientes vossas ordens, que não vê
Porque não sente, sinta teu poder rapidamente;
A distribuição, assim, desfará o excesso,
E cada homem terá o suficiente.

(Ato IV, Cena I)

O próprio Lear foi tão longe na superfluidade, tão alienado do real por seu desejo enlouquecido, que curá-lo irá significar desnudá-lo violentamente até só restar sua natureza, procedimento ao qual ele não sobrevive. Mas um modo bem mais construtivo de se desprender desse supérfluo é por meio do que o Partido Trabalhista Britânico, em seus melhores dias, costumava chamar de uma redistribuição fundamental e irreversível da riqueza. As implicações políticas da meditação feita pelo drama acerca da natureza e da cultura são completamente igualitárias. Há tanto uma criativa como uma superabundância injuriosa, que é finalmente simbolizada pelo ato de Cordélia de perdoar seu pai. A clemência, para Shakespeare, é um ultrapassar as medidas, uma recusa do pagar na mesma moeda do valor de troca, uma gratuidade que é contudo necessária.

Como o jovem Marx dos *Manuscritos econômicos e filosóficos*, *O rei Lear* conjura uma política radical a partir de suas reflexões sobre o corpo. Mas esse não é bem o discurso sobre o corpo que está mais em voga nos dias de hoje. É o corpo mortal, não o masoquista, que está aqui em questão. Se *Lear* está bastante consciente da natureza como uma construção cultural, está também alerta para os limites dessa ideologia, a qual, em sua pressa de fugir das armadilhas do naturalismo, deixa de perceber aquilo que se refere ao corpo compartilhado, vulnerável, decadente, natural e tenazmente material que coloca uma interrogação sobre essa imodéstia culturalista. Mas a peça é igualmente cautelosa quanto a um naturalismo que crê poder haver uma inferência direta do fato ao valor, ou da natureza para a cultura. Ela sabe que "natureza" é sempre uma interpretação da natureza, desde o determinismo hobbesiano de Edmund até o rico pastoralismo de Cordélia, desde uma perspectiva de matéria sem sentido a uma visão de harmonia cósmica. A passagem da natureza para a cultura não pode ser uma passagem do fato para o valor, uma vez que a natureza sempre já é um termo valorativo.

Esse, portanto, é o rochedo no qual pareceria soçobrar qualquer ética naturalista. Não podemos, ao que parece, proceder argumentativamente a partir de como as coisas são conosco na qualidade de corpos materiais até o que deveríamos fazer, já que nossa descrição de como as coisas são conosco sempre será inevitavelmente avaliativa. É isso que autoriza a epistemologia culturalista, para a qual não existe tal coisa como aquilo que é o caso, apenas o que é o caso para algum observador parcial. Como a cultura, o conceito de natureza oscila ambiguamente entre o descritivo e o normativo. Se a natureza humana é uma categoria puramente descritiva, abarcando qualquer coisa que os seres humanos fazem, então não podemos derivar valores dela, já que o que fazemos é variado e contraditório. Se, como acredita a sabedoria popular, é "humano" ser moralmente fraco, é igualmente "humano" ser compassivo. Mas se "natureza humana" já é um termo valorativo, então o processo de derivar dela valores morais e políticos pareceria inutilmente circular.

Shakespeare parece estar ciente desse dilema à sua própria maneira, mas reluta em tomar a via de escape culturalista. Esta simplesmente conduz a tantas dificuldades filosóficas quanto o naturalismo. É tão pouco plausível ver a cultura como um mero afloramento da natureza como é ver a natureza como uma mera construção da cultura. Shakespeare apega-se bastante apropriadamente a uma noção da natureza humana que é comunitária, somaticamente baseada e culturalmente mediada. Ele também acredita que os valores culturais mais nobres estão de algum modo enraizados nessa natureza. A compaixão, por exemplo, é um valor moral, mas um valor moral que se regula pelo fato de que somos pela nossa própria constituição animais sociais materialmente capazes de simpatizar com as necessidades uns dos outros, e que devem fazer isso a fim de sobreviver. É esse tipo de relação interna entre fato e valor, cultura e natureza, que está no cerne das reflexões de *Lear*. Mas o fato de sermos por natureza animais mutuamente compreensivos não significa, é claro, que nós sempre pratiquemos a compaixão no sentido moral do termo. Longe disso. Tudo o que o anticulturalista afirma é que, quando *realmente* nos condoemos pelos outros nesse sentido normativo, estamos realizando uma capacidade que pertence à nossa natureza, em vez de simplesmente estar exercendo uma virtude que descende sobre nós a partir de uma tradição cultural puramente contingente.

Isso, entretanto, deixa aberta a questão de como identificamos aquelas capacidades de nossa natureza que são moral e politicamente mais positivas. E aqui o culturalista está certo em afirmar que isso não pode ser feito por algum processo de inferência lógica, ou dando uma explicação sem valor da natureza que, entretanto, iria nos impelir em uma direção cultural em vez de outra. Afinal, só podemos determinar isso por meio de argumentação e evidência. E é aqui, inesperadamente, que a cultura no sentido mais especializado do termo desempenha o seu papel. Se se pensar no conjunto de obras artísticas, tanto "elevadas" como populares, que têm sido geralmente consideradas valiosas, é notável o testemunho comum que elas dão sobre a questão de que objetivos morais devem ser promovidos.

Esse testemunho não é de forma alguma unânime ou inequívoco: existem alguns poderosos exemplares de cultura artística que advogam valores morais que são, na melhor das hipóteses, dúbios, e na pior, ofensivos. E a própria alta cultura, como vimos, está profundamente emaranhada na exploração e no infortúnio. Mesmo assim, há notavelmente poucas obras de arte apreciadas que advogam a tortura e a mutilação como a maneira mais correta de prosperar, ou que celebram a pilhagem

A ideia de cultura

e a fome como as mais preciosas das experiências humanas. Esse fato é tão indisfarçavelmente óbvio que somos tentados a passar por cima de seu caráter curioso. Afinal por que razão, de um ponto de vista de um culturalista ou historicista, seriam as coisas assim? Por que esse consenso impositivo? Se realmente não somos nada senão nossas condições culturais locais e efêmeras, das quais já houve incontáveis milhões na história de nossa espécie, como se dá que a cultura artística através das épocas não afirme igualmente tantos diferentes valores morais? Por que, com algumas notórias exceções e em inúmeros modos culturais diferentes, a cultura nesse sentido não exaltou em geral o egoísmo voraz em vez da benevolência, ou a ganância material em vez da generosidade?

Não se pode duvidar de que a cultura seja uma arena onde é travada uma luta moral extraordinariamente complexa: o que as antigas sagas afirmam ser virtuoso não é necessariamente o que Thomas Pynchon afirma que é. O que é que conta como crueldade ou como amabilidade é justamente o que as culturas discutem, e aqui pode haver nítidas discrepâncias entre, digamos, antigos senhores de escravos e liberais modernos. E com a mesma facilidade pode haver conflitos dentro de uma única cultura. Lear acha detestável (*unkind*) que Cordélia declare que o ama "de acordo com a sua obrigação", mas isso é amabilidade (*kindness*) no sentido mais estrito: ela quer dizer que seus sentimentos por ele nascem das exigências do parentesco (*kinship*), o que implica que ela o tratará humanamente não importando como ele possa tratá-la. No nível mais amplo, contudo, existem entre as culturas concordâncias notáveis de juízo moral, as quais não podem simplesmente ser postas de lado ao modo ligeiro do historicismo. E isso não causa surpresa alguma para aquela espécie de materialista ético para quem os valores morais têm uma relação com nossa natureza de criaturas, a qual não se alterou significativamente através dos tempos.

Quando nos envolvemos em uma discussão sobre o que constitui a boa vida, temos de recorrer, afinal de contas, à evidência em vez de a princípios abstratos. É uma questão de saber que tipo de evidência é persuasiva o bastante para convencer um oponente. E é aqui que a cultura no sentido mais estrito é indispensável ao filósofo moral ou político. Afinal, não se pode produzir um argumento arrasador e decisivo; pode-se apenas indicar à interlocutora, digamos, o *corpus* da poesia árabe ou do romance europeu, e perguntar-lhe o que ela acha disso. Se alguém realmente sustentasse que o mal era um conceito fora de moda, poder-se-ia evitar muita disputa entediante perguntando-lhe se leu, por exemplo, *Primo Levi*. Muitos dos céticos epistemológicos em moda nos dias de hoje, na sua ânsia teórica em debilitar posições fundamentalistas, parecem esquecer que essa, afinal, é a maneira pela qual discordância e concordância, convicção e conversão realmente acontecem, no mundo social real, senão dentro dos muros da academia.

O humanista liberal, entretanto, não deveria tirar muito consolo desse caso, pois o erro do humanista liberal não é insistir que seres humanos de contextos muito diferentes possam compartilhar valores em comum, mas imaginar que esses valores sejam invariavelmente o mais importante a respeito de um artefato cultural. É também supor que eles são sempre, não importa sob que forma habilidosamente disfarçada, os valores de sua própria civilização. O principal a respeito da generalidade abstrata de categorias, tais como compaixão ou generosidade, não é apenas que elas imploram por especificação cultural, o que na verdade é o caso, mas também que elas não podem, portanto, ser propriedade de nenhuma cultura em particular. Não é isso, certamente, o que as torna positivas, já que o mesmo poderia ser dito da violência e do ódio; mas o culturalista deveria hesitar antes de asseverar que tais valores são tão gerais a ponto de serem sem sentido. Também o são, nesse caso, o enaltecimento da diferença e a resistência à opressão.

Assim como nossas percepções nos informam que há mais no mundo do que nossas percepções, uma leitura atenta da cultura sugere que há mais no mundo do que a cultura. Essa, ao menos, é a conclusão a que chegaram alguns dos maiores teóricos da modernidade, independentemente do que alguns dos seus sucessores pós-modernos possam afirmar. A aposta de Marx, Nietzsche e Freud é que na raiz do significado há certa *força*, mas que só uma leitura sintomática da cultura revelará os seus vestígios. É porque os significados são sempre envolvidos com força – rompidos, deturpados e deslocados por ela –, que qualquer mera hermenêutica ou teoria da interpretação está fadada a permanecer idealista. Para esses pensadores, todos os eventos mais significantes se movem na junção incômoda de significado e poder, do semiótico e do (no sentido mais amplo) econômico. Homens e mulheres não vivem somente da cultura, nem mesmo no sentido mais vasto do termo. Sempre há no interior da cultura aquilo que a desconcerta e frustra, que a deturpa em discursos violentos ou absurdos, ou deposita dentro dela um resíduo de pura ausência de significado. O que quer que seja anterior à cultura, sejam as condições transcendentais da possibilidade de Kant, a vontade de poder de Nietzsche, o materialismo histórico de Marx, os processos primários de Freud ou o Real de Lacan, é sempre, em certo sentido, também simultâneo a ela, já que só podemos identificá-lo decifrando-o a partir da própria cultura. Seja lá o que for que estabelece a cultura e ameaça perpetuamente invalidá-la, só pode, por assim dizer, ser reconstruído de trás para diante visto que a cultura já aconteceu. Nesse sentido, certamente, ele não escapa ao significado, mas tampouco é redutível ao domínio do simbólico.

Para Marx, a cultura tem apenas uma origem, que é o trabalhar a natureza. Que o trabalho para o marxismo signifique exploração é um dos significados da perspicaz afirmação de Walter Benjamin de que todo documento da civilização é também um registro da barbárie. A cultura para Marx é geralmente ignorante da sua ascendência: como a criança edipianizada, prefere acreditar que nasceu de uma espécie de linhagem inteiramente superior, se é que não saiu, com armadura completa, de sua própria cabeça. O que dá origem à cultura, contudo, não é o significado, mas a necessidade. É somente mais tarde, quando a sociedade evoluiu a ponto de poder sustentar uma cultura institucional em tempo integral, que a cultura vem a ganhar uma autonomia real da vida prática. Para o marxismo, essa autonomia é um fato histórico, em vez de uma ilusão formalista.

Tal como o trabalho, a ideologia também envolve um embate entre poder e significado. A ideologia acontece toda vez que o poder exerce impacto sobre a significação, deformando-a ou prendendo-a a um agrupamento de interesses. Walter Benjamin observou que o mito duraria tanto quanto o último mendigo, querendo sem dúvida dizer que a ideologia é indispensável enquanto houver injustiça. O marxismo vislumbra uma época em que homens e mulheres serão capazes de viver em grande medida pela cultura, livres do aguilhão da necessidade material. Mas se seu tropo dominante é a ironia, é porque entende que não levar a necessidade material muito a sério exige certas precondições materiais. A estetização da vida social – o emprego por homens e mulheres de suas energias largamente para o seu próprio deleite, em vez de simplesmente no sobreviver – não pode ser alcançada apenas por meio da estética.

Para Marx, a História, esse pesadelo pesando sobre os cérebros dos vivos, é mais propriamente "pré-história", ao passo que Nietzsche fala zombeteiramente daquele "horrível domínio do absurdo e do acaso que até agora tem sido chamado 'história'".[7] O próprio termo preferido por Nietzsche – genealogia – representa aquela narrativa bárbara de dívida, tortura e vingança da qual a cultura é o fruto manchado de sangue. "Cada pequeno passo sobre a terra foi pago com tortura espiritual e física ... quanto sangue e crueldade reside no fundo de todas as

---

7 NIETZSCHE, F. Beyond Good and Evil. In: KAUFMANN, W. (Ed.) *Basic Writings of Nietzsche*. Nova Iorque: 1968. p.307.

A ideia de cultura

'boas coisas'!"[8] A genealogia desmascara as origens indecorosas das ideias nobres, o caráter fortuito de suas funções, iluminando a face inferior escura do pensamento. A moralidade, para Nietzsche, é realmente sublimação, como de fato também o é para Freud. Contudo, isso a torna mais autêntica, e não menos. Como William Empson perspicazmente observa, "os mais refinados desejos são inerentes aos mais simples, e seriam falsos se não o fossem".[9] O modo de pensamento que melhor entende isso é o carnavalesco.

A originalidade de Freud é ver não apenas a cultura ou a moralidade nesses termos, mas a civilização como um todo. Se a Capela Sistina é sublimação, também o é a fabricação de patinetes. O passo mais audacioso de Freud aqui é desmantelar toda a oposição clássica entre "cultura" e "sociedade civil", o reino do valor e o reino da necessidade. Ambos têm sua feia raiz no *Eros*. Os significados, para Freud, são certamente significados a serem pacientemente decifrados, mas inverter esse processo todo é também vê-lo como um poderoso conflito de forças somáticas. A cultura e a natureza, o semiótico e o somático, encontram um ao outro apenas em conflito: o corpo nunca está inteiramente à vontade na ordem simbólica e jamais se recuperará inteiramente de sua inserção traumática nela. O impulso freudiano fica em algum lugar no limite obscuro entre corpo e mente, representando um para o outro nas encruzilhadas inquietas entre natureza e cultura. Freud é um "culturalista" na medida em que o corpo é para ele sempre uma representação ficcional; mas as más notícias que essa representação tem para dar são de forças que deformam nossos significados culturais a partir de dentro, e que ameaçam no final fazê-los sucumbir sem deixar vestígio.

Isso está claro em *Civilisation and its discontents* [A civilização e seus descontentes], esse tratado implacavelmente desola-

---

8 NIETZSCHE, F. *On the Genealogy of Morals*. p.550 e 498.
9 EMPSON, W. *Some Versions of Pastoral*. Londres: 1966. p.114.

dor para o qual toda a civilização é basicamente autodestrutiva. Freud postula em nós tanto uma agressão primária como um narcisismo primário, e a civilização é conjurada a partir de uma sublimação dos dois. Ela implica uma renúncia da gratificação instintiva, de modo que a cultura, longe de desenvolver harmoniosamente nossas capacidades, conduz-nos ao que Freud chama um estado de "infelicidade interna permanente". De acordo com essa perspectiva, os frutos da cultura não são tanto a verdade, a bondade e a beleza, mas a culpa, o sadismo e autodestrutividade. É *Eros*, o construtor de cidades, que domina a natureza e cria uma cultura, mas faz isso fundindo-se com a nossa agressividade, dentro da qual se oculta *Tânatos* ou instinto de morte. O que destrói a civilização, assim, é logrado em suas intenções nefastas e utilizado para o trabalho de estabelecê-la. Porém, quanto mais sublimamos *Eros* dessa maneira, mais esgotamos os seus recursos e o deixamos como presa para o superego sádico. Fortalecendo o superego, intensificamos nossa culpa e fomentamos uma cultura letal de autoaversão. A cultura é impulsionada em parte por aquilo que fica para além de toda a cultura, a morte. Se a morte nos impulsiona para a frente, é apenas para nos fazer retornar àquele ditoso estado de invulnerabilidade anterior à emergência da cultura.

Essas, então, encontram-se entre as lições da modernidade recente. Existem forças operando dentro da cultura – desejo, domínio, violência, vingatividade – que ameaçam desentretecer nossos significados, soçobrar nossos projetos, dirigir-nos inexoravelmente de volta à escuridão. Essas forças não se encontram exatamente fora da cultura; elas brotam, em vez disso, de sua difícil interação com a natureza. Para Marx, o trabalho é uma forma de intercurso com a natureza que produz uma cultura; contudo, por causa das condições sob as quais esse trabalho acontece, essa cultura é internamente fragmentada em violência e contradição. Para Nietzsche, a nossa luta pela dominação da natureza envolve uma soberania potencialmente catastrófica sobre nós mesmos, visto que nos evisceramos do instinto na

A ideia de cultura

luta pela civilidade. Para Freud, o tráfego entre o corpo da criança e aqueles que o circundam, a ocupação necessária de cuidar e alimentar sem a qual morreríamos, implanta as sementes de um desejo voraz para o qual nenhum corpo e nenhum objeto jamais proverão uma satisfação adequada.

A natureza não é apenas o Outro da cultura. É também uma espécie de peso inerte dentro dela, abrindo uma fratura interna que traspassa o sujeito humano inteiro. Nós só podemos arrancar a cultura para fora da Natureza utilizando algumas de nossas próprias energias naturais para a tarefa; as culturas não são, nesse sentido, construídas por meios puramente culturais. Mas essas energias dominadoras, então, tendem a desenvolver um ímpeto quase incapaz de ser detido que excede em muito aquilo que a cultura precisa para sobreviver e o qual também podemos voltar com igual agressividade contra nós mesmos. Sob esse enfoque, existe sempre algo autodestrutivo a respeito da construção de culturas.

O filósofo italiano Sebastiano Timpanaro escreve que

o amor, a brevidade e a fragilidade da existência humana, o contraste entre a pequenez e fraqueza do homem e a infinitude do cosmos, são expressos em obras literárias de formas muito diferentes em várias sociedades historicamente determinadas, mas, ainda assim, não de tantas formas diferentes tal que toda referência a experiências constantes da condição humana tais como o instinto sexual, a debilidade produzida pela idade (com suas repercussões psicológicas), o medo de sua própria morte e o pesar pela morte dos outros, seja perdida.[10]

No culturalismo dogmático de nossos dias, é rara essa ponderação. Ao contrário, o corpo sofredor, mortal, necessitado e desejoso que nos liga fundamentalmente aos nossos ancestrais históricos, assim como aos nossos semelhantes em outras cul-

---

10 TIMPANARO, S., *On Materialism*, p.50.

157

turas, foi convertido em um princípio de diferença e divisão cultural. O corpo tem um *status* curiosamente dual, ao mesmo tempo universal e individual. Com efeito, a própria palavra "corpo" pode denotar tanto o singular como o coletivo. Ele é a matéria herdada, puramente dada, que nos liga à nossa espécie, tão implacavelmente impessoal quanto o inconsciente, um destino que nunca tivemos a permissão de escolher. Nessa medida, ele é o símbolo de nossa solidariedade. Mas o corpo é também individual – na verdade, pode-se argumentar que seja o próprio princípio da individuação. É porque o corpo é uma entidade em separado, local e drasticamente limitado, literalmente não aprisionado no corpo de sua espécie, que nós somos tão terrivelmente vulneráveis. É também porque estamos, como bebês, quase, mas nunca inteiramente, presos nos corpos de outros que acabamos tão necessitados e desejosos.

Para compensar essa fragilidade, os corpos humanos precisam construir essas formas de solidariedade que chamamos de cultura, que são consideravelmente mais elaboradas do que qualquer coisa que o corpo possa fazer diretamente, mas perigosamente além de seu controle sensível. Uma cultura comum pode ser formada apenas porque nossos corpos são de modo geral do mesmo tipo, de modo que um universal repousa sobre o outro. A sociabilidade se impõe a nós como indivíduos em um nível ainda mais profundo do que a cultura, como reconheceu o jovem Marx. É claro que os corpos humanos diferem, em sua história, gênero, etnicidade, capacidades físicas etc. Mas não diferem naquelas capacidades – linguagem, trabalho, sexualidade – que lhes permitem entrar em um relacionamento potencialmente universal uns com os outros, em primeiro lugar. O culto pós-moderno do corpo construído socialmente, apesar de toda a sua engenhosa crítica do naturalismo, tem estado estreitamente ligado ao abandono da própria ideia de uma política de resistência global – e isso em uma época em que a política de dominação global está mais importuna do que nunca.

# 5
## Rumo a uma cultura comum

Vimos que a cultura como civilidade e a cultura como solidariedade são, em geral, inimigas juradas. Mas também podem entabular algumas estranhas e potentes alianças, como o fazem na obra de T. S. Eliot.[1] Eliot pode ser um conhecedor da alta cultura, mas também é um campeão da cultura como modo de vida popular; como todos os elitistas mais inteligentes, ele também é um genuíno populista. Não há nenhuma contradição lógica entre ambos, apesar do que a teoria pós-moderna possa considerar.

Os escritos de Eliot sobre a cultura ilustram esplendidamente a constante oscilação desse conceito. O que ele entende por cultura, anuncia, é "antes de tudo, o que os antropólogos entendem: o modo de vida de um determinado povo vivendo junto em um certo lugar".[2] Em outras ocasiões, contudo, a cul-

---

1 Baseei-me, no que segue, em meu ensaio Eliot and a Common Culture, em MARTIN G. (Ed.) *Eliot in Perspective*. Londres: 1970.

2 ELIOT, T. S. *Notes Towards the Definition of Culture*. Londres: 1948, p.120. Referências adicionais a esta obra serão feitas entre parênteses após as

tura como um termo valorativo parece predominante na sua mente – "A cultura pode mesmo ser descrita simplesmente como aquilo que faz a vida valer a pena ser vivida" (p.27) –, ao passo que, flutuando entre esses dois significados, está um sentido de cultura como todo o complexo das artes, usos e costumes, religião e ideias de uma sociedade, o qual pode ser posto a serviço de qualquer uma das duas definições. A cultura de uma sociedade, em certo ponto, é "aquilo que faz dela uma sociedade" (p.37), embora nos seja dito em outra parte, contraditoriamente, que é possível prever um período "do qual é possível dizer que não terá *nenhuma* cultura" (p.19). Eliot às vezes explora deliberadamente a ambiguidade da palavra, por exemplo, quando fala da "transmissão hereditária da cultura dentro de uma cultura" (p.32).

Raymond Williams assinalou que Eliot, quando finalmente explica em detalhe o que entende por cultura como modo de vida, lista alguns tópicos selecionados – o dia do Dérbi de Epson,* a regata em Henley,** Cowes,*** repolho cozido, Elgar**** –, o que equivale, ironicamente, à definição *alternativa* de cultura: na expressão espirituosa e zombeteira de Williams, "esporte, comida, um pouco de arte".[3] A mudança, de fato, tem um interessante efeito mistificador. Eliot quer argumentar

---

citações. O título da obra é uma interessante mistura de modéstia e autoridade: "notas", mas rumo "à definição".

* *Derby Day*: dia em que tem lugar o *Derby*, uma das clássicas corridas de cavalo na Inglaterra, datando de 1780, e que ocorre na primeira quarta-feira de junho em Epson Downs, Surrey. (N. R.)

** Henley Royal Regatta: série de competições de barco a remo, estabelecida em 1839, e realizada anualmente na primeira semana de julho no rio Tâmisa, em Henley-on-Thames. (N. R.)

*** Cowes: cidade, na Ilha de Wight, onde são realizadas anualmente regatas à vela no início de agosto. (N. R.)

**** *Sir* Edward Wiliam Elgar (1857-1934): compositor inglês de música orquestral, cuja obra, no final do século XIX, estimulou um renascimento da música inglesa. (N. R.)

3 Williams, R. *Culture and Society 1780-1950*, p.234.

A ideia de cultura

que uma cultura minoritária beneficia a cultura como um todo, mas a plausibilidade disso depende do que se entende por cultura minoritária. Se cultura significa as artes e a vida intelectual, então é cabível afirmar que, ao fomentá-las, a elite cultural pode finalmente melhorar a sociedade como um todo. Mas se a cultura da classe alta inclui, digamos, os *Enclosure Acts** e o seguro médico privado, é difícil ver como estes constituem um enriquecimento para todos os níveis sociais.

A cultura para Eliot não é apenas um modo de vida, mas "o *modo total de vida* de um povo, do nascimento ao túmulo, da manhã até a noite e mesmo durante o sono" (p.31). Especialmente durante o sono, poder-se-ia acrescentar, pois o essencial a respeito desse sentido de cultura para Eliot é que ela é muito mais inconsciente do que consciente. Uma cultura, comenta ele, "nunca pode ser totalmente consciente – existe nela sempre mais além daquilo de que estamos conscientes, e ela não pode ser planejada porque é sempre o pano de fundo inconsciente do nosso planejamento ... A cultura nunca pode ser trazida inteiramente para a consciência, e a cultura da qual estamos totalmente conscientes nunca é a totalidade da cultura" (p.94; 107). Essa é uma percepção legítima, mas também conveniente. Uma cultura, para Eliot, como uma forma de vida para Wittgenstein, não pode ser totalmente objetivada porque é a condição transcendental para todas as nossas objetivações. Em termos heideggerianos, ela é o conjunto de "pré-entendimentos" que permitem que ocorram atos específicos de entendimento, em primeiro lugar, e, portanto, não pode ser ela mesma inteiramente apreendida por eles. No entanto, se esta é também uma posição conveniente para Eliot tomar, é porque o seu

---

* *Enclosure acts*: atos de apropriação de terras, especialmente áreas antes pertencentes à comunidade, colocando-se uma cerca ao redor, realizados em várias épocas da história da Inglaterra, especialmente nos séculos XIII e XIV e, mais tarde, XVIII e XIX. (N. R.)

compromisso com a ideia de cultura popular está em desacordo com sua estimativa conservadora das capacidades populares. Para Eliot, a humanidade não pode suportar muita realidade, nem tampouco se elevar a muito pensamento inteligente. Segue-se que a cultura popular, para simplesmente existir, tem de ser algo largamente inconsciente – e "cultura" está à mão como uma palavra que sugere, assim como uma fineza de viver, um processo vivido mais nos instintos do que na mente. Como escreve Eliot, num estilo odiosamente condescendente:

> Para a grande massa da humanidade cuja atenção está ocupada antes de tudo com sua relação direta com o solo, ou o mar ou a máquina, e com um pequeno número de pessoas, prazeres e deveres, duas condições (para uma cultura cristã) são exigidas. A primeira é que, já que sua capacidade de *pensar* sobre os objetos da fé é pequena, seu cristianismo possa ser realizado quase que totalmente no comportamento: tanto em suas observâncias religiosas costumeiras e periódicas como em um código tradicional de comportamento com relação a seus vizinhos. A segunda é que, embora devam ter alguma percepção de quão longe suas vidas ficam aquém dos ideais cristãos, sua vida religiosa e sua vida social devem formar, para eles, um todo natural, de modo que a dificuldade de se comportar como cristãos não imponha um esforço intolerável.[4]

É o tom de um autor que proclama em outra parte que "no todo, pareceria ser melhor que a grande maioria dos seres humanos continuasse a viver no lugar em que nasceu" (p.52). Não foi um conselho que ele próprio tenha seguido. O que Eliot quer dizer na passagem citada acima é que se pode ser um cristão dedicado praticamente sem se dar conta disso. A cultura deve ser em grande medida uma questão de observância e comportamento ritual, já que a maioria das pessoas não tem capacidade para qualquer autoconsciência muito notável. Isso lembra

---

4 ELIOT, T. S. *The Idea of a Christian Society*. Londres: 1939. p.28-9.

A ideia de cultura

a definição de Louis Althusser de ideologia como conduta espontânea, que toma uma forma religiosa semelhante:

> O indivíduo em questão se comporta de tal ou qual maneira, adota tal ou qual atitude prática, e, além disso, participa de certas práticas regulares que são aquelas do aparato ideológico do qual "dependem" as ideias que ele com plena consciência escolheu livremente como sujeito. Se acredita em Deus, vai à igreja assistir à missa, ajoelha-se, reza, confessa-se, faz penitência (que certa vez era material no sentido ordinário do termo) e naturalmente se arrepende etc.[5]

Na visão de Althusser, a ideologia é mais uma questão de práticas do que de ideias: há aqui uma distinção implícita entre a ideologia das massas e a teoria da *intelligentsia*. Eliot, analogamente, não renega de forma alguma a ideia de cultura como consciência; ocorre apenas de que isso é o monopólio de um reduzido círculo educado. Os teóricos de Althusser tornam-se o sacerdócio secular de Eliot. Mas o povo e a *intelligentsia* não constituem culturas *diferentes*. A mesma cultura é vivida inconscientemente pelo povo e autorreflexivamente pela minoria. Uma cultura comum é assim inteiramente compatível com uma cultura hierárquica. A diferença que importa não é entre tipos de cultura, mas entre graus de autoconsciência. A grande maioria do povo acredita sem saber que o faz. Uma unidade entre crença e comportamento é a condição de uma cultura popular sadia, mas dificilmente de um indivíduo espiritualmente consciente. É a tensão entre os dois que caracteriza os eleitos, sutilmente conscientes, que lutam com sua sensação de não estar atingindo ideais que, afinal, transcendam qualquer vida comum. A descontinuidade entre conduta e consciência é, assim, uma marca de superioridade espiritual; ambas são unificadas apenas no selvagem ou no santo.

---

5 ALTHUSSER, L. *Lenin and Philosophy*. Londres: 1971. p.167.

Eliot confessa em *Notes towards the definition of culture* [Apontamentos para a definição de cultura] que

> A reflexão de que ... mesmo o mais consciente e desenvolvido de nós vive também no nível em que crença e comportamento não podem ser distinguidos, é uma reflexão que, se permitirmos que nossa imaginação brinque com ela, pode ser muito desconcertante ... Considerar que, de um ponto de vista, religião é cultura e, de outro, cultura é religião, pode ser muito perturbador. (p.32)

A cultura é *habitus*, na expressão de Pierre Bourdieu,[6] mas também é, contraditoriamente, a existência mais sutilmente autorreflexiva de que somos capazes. Como vimos no Capítulo 1, a própria palavra inclui tanto o crescimento orgânico como o seu cultivo. E Eliot parece perturbado por essa mistura do especulativo e do espontâneo. Como pode a cultura ser ao mesmo tempo aquilo a cujo respeito não precisamos pensar e os frutos mais refinados da nossa consciência? Se a religião, ou a alta cultura, está arraigada na cultura como modo de vida, então arrisca-se a ser redutível a ela, e o seu valor transcendente é consequentemente perdido. Mas se ela não tem essas raízes cotidianas, como pode ser efetiva? De modo análogo, se minhas crenças são apenas outra maneira de descrever os meus hábitos comportamentais, então pareceriam tranquilizadoramente bem fundadas, mas somente ao preço de deixarem de ser compromissos pelos quais posso ser congratulado, tal como não posso ser congratulado pela minha tendência a roncar. Eliot observa que "o comportamento tem tanto potencial de afetar a crença como a crença de afetar o comportamento":[7] a cultura como conduta é o que entrincheira nas vidas dos muitos um conjunto de crenças forjadas pelos poucos. Mas o problema é incorporar no

---

6 Ver BOURDIEU, P. *Outline of a Theory of Practice*. Cambridge: 1977.

7 ELIOT, T. S., *The Idea of a Christian Society*, p.30.

A ideia de cultura

comportamento a crença evitando ao mesmo tempo o corolário indesejado de que o comportamento pode esgotar a crença. Além disso, as crenças em questão, sejam religiosas ou estéticas, finalmente transcendem totalmente a vida diária, de modo que a sua corporificação nela só pode ser sempre parcial. O que permite que essas crenças critiquem a vida cotidiana é, assim, também o que fracassa em ancorá-las seguramente nela.

Eliot, portanto, tem a sua própria versão do problema Cultura/cultura, mas tem também a sua própria solução. Ele não pode optar, à maneira puramente elitista, pela Cultura contra a cultura, já que é astuto o suficiente para reconhecer que nenhuma cultura minoritária sobreviverá a menos que lance rebentos complexos na vida popular. É só dessa maneira que a alta cultura se tornará uma força *política* numa época de desagradável democracia de massa. Mas como pode a alta cultura fazer isso, se a grande maioria dos homens e mulheres tem dificuldade até de pensar? Eliot fica desalentado pela perspectiva de uma sociedade na qual "nossa corrida impetuosa para educar a todos" está simplesmente preparando o terreno "sobre o qual os bárbaros nômades do futuro vão acampar em suas caravanas mecanizadas" (p.108); mas tem razão em perceber que a acossada resposta de Leavis a essa catástrofe – cerrar as portinholas da alta cultura e treinar uma minoria em autodefesa cultural – dificilmente constitui uma estratégia suficiente.

Eliot não está disposto a jogar a toalha cultural tão rápido, mas percebe que se a Cultura deve mais uma vez exercer sua influência sobre as massas, terá de ser na forma de cultura religiosa. Seu conservadorismo religioso, assim, é ao mesmo tempo mais e menos realista do que o liberalismo secular de Leavis: mais, já que ele reconhece que as pessoas comuns são influenciadas não por obras literárias, mas por modos de vida; menos, pelo fato de que o modo de vida particular que Eliot advoga – o cristianismo – vinha, no que diz respeito às massas, perdendo terreno rapidamente por pelo menos um século. Mesmo assim, é a religião, acima de tudo, que une a consciência reflexiva à conduta espontânea, e essa unidade pode ser diretamente transposta para uma ordem social hierárquica. Uma classe intelectual de caráter sacerdotal, composta por indivíduos não inteiramente diferentes de T. S. Eliot, nutrirá conscientemente valores espirituais, mas estes serão disseminados entre as pessoas e vividos por elas indiretamente, irrefletidamente, no ritmo e textura de sua experiência vivida. A cultura, para a maioria das pessoas, é um ritual de conformismo inconsciente. Qualquer oferenda direta às massas dos valores da minoria está fora de questão: "pretender fazer todos compartilharem da apreciação dos frutos da parte mais consciente da cultura é adulterar e baratear aquilo que você oferece" (p.106-7).

Para Eliot, portanto, uma cultura comum não é de forma alguma uma cultura igualitária. Se a minoria e as massas compartilham valores comuns, elas o fazem em níveis diferentes de consciência. "Segundo minha visão de cultura", escreve Eliot em *Notes towards the definition of culture*, "o todo da população *deveria* ter uma parte ativa nas atividades culturais – não todos nas mesmas atividades ou no mesmo nível" (p.38). Os leitores da poesia do próprio Eliot podem ser classificados de forma similar, uns poucos deles compreendendo as alusões eruditas aos cultos de fertilidade ou à *Eneida*, enquanto a maioria é simplesmente tocada em seu íntimo pelos enigmas recorrentes da imagística. Como um populista genuíno que enaltecia o *jazz* e o *music hall*, Eliot considera o segundo tipo de público mais importante, já que a cultura, ou a ideologia, opera mais por meio de emoções e instintos do que por meio da mente. Ele é genuinamente indiferente a respeito do significado parafraseável de sua própria poesia, o que é uma das razões pelas quais suas notas para *The waste land* [A terra desolada] são um embuste.

Na sociedade ideal de Eliot, então, todas as classes sociais vão partilhar a mesma cultura, mas a tarefa da elite será "promover um desenvolvimento maior da cultura em sua complexidade orgânica: cultura em um nível mais consciente, mas ainda a mesma cultura" (p.37). Como um antiburguês convicto, Eliot rejeita a teoria liberal da sociedade, da igualdade de oportunidade e elites meritórias, como uma doutrina atomística que destrói tanto a crença comum como a continuidade essencial para a transmissão cultural genuína. Em vez disso, a classe dominante tradicional, preservando e transmitindo sua cultura de geração a geração, será o ápice da consciência espiritual e artística desenvolvida e, como tal, estará sustentando não apenas a si mesma, mas também a cultura como um todo. Os níveis culturais superiores não possuirão mais cultura do que os inferiores, apenas "uma cultura mais consciente e mais especializada" (p.48). Os dois significados centrais da palavra "cultura" são, assim, socialmente distribuídos: a cultura como um corpo de obras artísticas e intelectuais é o domínio da elite, ao passo que a cultura no seu sentido antropológico pertence às pessoas comuns. O que é vital, entretanto, é que essas duas formas de cultura se cruzam: "esse mais alto nível de cultura", observa Eliot, "deve ser considerado tanto como válido em si mesmo quanto um enriquecimento dos níveis inferiores: assim, o movimento da cultura procederia numa espécie de ciclo, cada classe nutrindo as outras" (p.37).

Numa venerável tradição que se origina com Edmund Burke, "cultura" aqui significa aqueles hábitos de sentir que nos ligam, em grande parte inconscientemente, a um modo tradicional de vida. Como reconhece o antirracionalista Eliot, tais hábitos compelem muito mais do que a cultura como meras ideias. As ideias são a moeda da esquerda racionalista, enquanto a cultura resume tudo o que o conservadorismo oferece no lugar delas: usos, costumes, tradição, instinto, reverência. Uma atividade profissional, sugere Eliot, "se pretende engajar o interesse de algo mais do que a mente consciente do trabalhador, deveria ter também um modo de vida um tanto peculiar aos seus iniciados, com as suas próprias formas de festividade e costumes" (p.16n). Fica-se a imaginar mineiros de carvão com ligas cruzadas recobrindo a barriga das pernas e sininhos nos joelhos. Mas a esquerda política, de modo suficientemente embaraçoso, também aderiu tradicionalmente a uma cultura comum, e viu as ideias como subservientes à vida material. Se Eliot valoriza os componentes inconscientes da cultura, também o faz Raymond Williams:

> Uma cultura, enquanto está sendo vivida, é sempre em parte desconhecida, em parte irrealizada. A construção de uma comunidade é sempre uma exploração, pois a consciência não pode preceder a criação, e não existe nenhuma fórmula para uma experiência desconhecida. Uma boa comunidade, uma cultura viva, irá, por causa disso, não apenas dar espaço para, mas encorajar ativamente, todo e qualquer um que possa contribuir para o avanço em consciência que é a necessidade comum ... Precisamos considerar com toda a atenção qualquer afeto, qualquer valor, pois não conhecemos o futuro, pode ser que jamais estejamos certos do que pode enriquecê-lo.[8]

Para Williams, uma cultura nunca pode ser trazida completamente para a consciência porque ela nunca é completamente realizada. Aquilo que é constitutivamente ilimitado e aberto não pode ser nunca completamente totalizado. A cultura é uma rede de significados e atividades compartilhados jamais autoconscientes como um todo, mas crescendo em direção ao "avanço em consciência", e, assim, em humanidade plena, de toda uma sociedade. Uma cultura comum envolve a construção colaborativa desses significados, com a participação plena de todos os seus membros; e essa é a diferença básica entre a ideia de uma cultura comum de Williams e a de Eliot. Para Williams, uma cultura é comum apenas quando feita coletivamente; para Eliot, uma cultura é comum mesmo quando sua elaboração é

---

8 WILLIAMS, R., *Culture and Society*, 1780-1950, p.334.

reservada aos privilegiados poucos. Para Williams, uma cultura comum é aquela que é continuamente refeita e redefinida pela prática coletiva de seus membros, e não aquela na qual valores criados pelos poucos são depois assumidos e vividos passivamente pelos muitos. Para esta, ele prefere a expressão "cultura em comum".

A noção de Williams de uma cultura comum é, assim, inseparável da mudança radical socialista. Ela exige uma ética de responsabilidade comum, plena participação democrática em todos os níveis da vida social, incluindo a produção material, e o acesso igualitário ao processo de criação da cultura. Mas o produto dessa atividade política consciente é, ironicamente, uma certa inconsciência. A cultura comum de Williams é tanto mais quanto menos consciente do que a de Eliot: mais, porque envolve a participação ativa de todos os seus membros; menos, porque o que será produzido por essa colaboração não pode ser nem projetado de antemão, nem completamente conhecido durante o processo de construção. Isso envolve uma inferência lógica em vez de uma exortação moral: uma cultura criada por uma elite pode ser conhecida e prevista de uma forma que aquela moldada por uma colaboração imensamente complexa não pode. Williams defende esse ponto de vista utilizando o componente "inconsciente" do termo "cultura":

> Temos que planejar o que pode ser planejado, segundo a nossa decisão comum. Mas a ênfase da ideia de cultura está certa quando nos lembra que uma cultura, essencialmente, não é planejável. Temos que garantir os meios de vida e os meios da comunidade. Mas o que depois será vivido através desses meios, não podemos saber ou dizer. A ideia de cultura está baseada numa metáfora: o cultivo do que cresce naturalmente. E com efeito, é no crescimento, como metáfora e como fato, que a ênfase final deve ser colocada.[9]

---

9 Ibidem, p.335.

Em vez de rejeitar piamente a metáfora orgânica como insidiosamente naturalista, Williams retira dela seu potencial radical. A cultura como uma ideia é posta em campo contra os racionalistas de esquerda, mas já que o que a torna não planejável é a participação diversa que ela requer, ela é brandida igualmente contra os conservadores burkeanos. Uma cultura comum jamais poderia ser totalmente autotransparente precisamente por causa da extensão de colaborações ativas que envolve e não porque revele o mistério enigmático de um organismo. Consciência e inconsciência, para Williams, são assim aspectos do mesmo processo, enquanto, para Eliot, são qualidades de diferentes grupos sociais. Eliot pode estar muito dominado por ideias de cultura orgânica, mas já que sua concepção de cultura é elitista, ele pode, ironicamente, prescrever seu conteúdo muito mais determinadamente do que Williams. Os valores em questão são aqueles de um círculo exclusivo existente, e não sofrerão modificações significativas ao serem transmitidos ao povo. É, antes, a sua forma que se alterará. Tanto para Eliot como para Williams, são os valores de uma classe social existente os antecipadores do futuro: em Eliot, a aristocracia e a *intelligentsia* de direita; em Williams, o movimento da classe operária, cuja ética de solidariedade e instituições cooperativas prefiguram uma cultura comum mais inclusiva. Mas enquanto Williams concebe esses valores, uma vez estendidos a outros grupos, como passando por uma reformulação radical, rejeitando assim qualquer panaceia ingênua de "cultura proletária", Eliot não prevê essa transformação. Na verdade, a maioria das pessoas, a seu ver, não tem capacidade mental suficiente para realizá-la. Uma vez que as pessoas são excluídas da (re)formulação ativa de significados e valores, os fundamentos de uma cultura comum já podem ser prescritos. Eliot não precisa esperar pelo que vai emergir de uma colaboração comum, já que no seu esquema não haverá essa colaboração.

Williams reconhece que valores dados, uma vez oferecidos a novos grupos sociais, acabam perdendo sua autoidentidade, uma vez que a recepção é sempre reformulação. Esse é um ponto menos claramente apreendido por aqueles populistas culturais para quem tornar Pushkin acessível ao povo é não apenas condescendente mas também supérfluo, já que Pushkin não tem nenhuma relevância para eles. Como os elitistas, tais populistas presumem que os significados culturais são fixos. Como os elitistas, também, eles confundem "cultura burguesa", no sentido de doutrinas como o individualismo possessivo, que são inerentemente de origem burguesa, com valores como a apreciação de Verdi, que esteve de modo geral limitada àquela classe, mas que não tem nenhuma necessidade inerente de sê-lo. Para Eliot, ao contrário, está fora de questão que os valores da alta cultura, uma vez destilados na conduta inconsciente das massas, passem por uma alteração significativa. Tanto Eliot como Williams contrapõem uma cultura *comum* a uma cultura *uniforme*: ambos dão ênfase à desigualdade e pluralidade de qualquer cultura real. Mas para Eliot, essa desigualdade origina-se ironicamente de uma rígida estrutura de níveis: nem todos experienciarão da mesma forma, porque nem todos participarão da mesma forma. Williams, embora concordando que a participação plena de qualquer indivíduo em toda a cultura está fora de questão, vê a diversidade de uma cultura comum como o resultado de ela envolver tantos agentes. O que podemos esperar não é

> uma simples igualdade (no sentido de identidade) de cultura; mas antes um sistema muito complexo de desenvolvimentos especializados – o total dos quais formará o todo da cultura, mas que não será acessível ou consciente, como um todo, a qualquer indivíduo ou grupo vivendo dentro dela.[10]

Ao passo que para Eliot a cultura é comum em conteúdo, sendo este monárquico, ruralista e católico anglicano, a carac-

---

10  Ibidem, p.238.

terística comum para Williams está principalmente na sua forma política. E essa forma participativa comum é não só compatível com uma pluralidade de experiência cultural, mas também acarreta-a logicamente.

A concepção de Williams de uma cultura comum, assim, lança nova luz sobre os debates correntes entre pluralistas e comunitaristas,[11] entre cultura como hibridez e cultura como identidade. Eliot, poder-se-ia dizer, é uma espécie de proto-comunitarista, advogando uma comunidade de crença e uma linhagem cultural compartilhada. Os oponentes hodiernos a isso incluem tanto os liberais clássicos como os pluralistas pós-modernos, posições que têm mais em comum do que talvez cada uma gostaria de admitir. A teoria de Williams de uma cultura comum, entretanto, não pode ser alinhada nesse eixo. Ela não pode ser rejeitada pelos pós-modernos como nostalgia organicista, em parte porque envolve transformações políticas cujas implicações plenas são revolucionárias, e em parte porque vê a cultura não como um todo integrado, mas como "um sistema muito complexo de desenvolvimentos especializados". Se ela é uma cultura comum, não é uma cultura corporativa. Mas tampouco pode essa posição ser abraçada sem reservas pelos hibridistas radicais e pluralistas liberais, já que envolve uma comunalidade de crença e ação que dificilmente será de seu gosto. O paradoxo da posição de Williams é que as condições para esse desenvolvimento cultural complexo só podem ser dadas assegurando-se politicamente aquilo que ele chama evasivamente de "os meios de comunidade", com o que ele quer dizer, com efeito, instituições socialistas. E isso certamente envolve uma comunidade de crenças, compromissos e práticas. Só por meio de uma democracia plenamente participativa, inclusive uma que regule a produção material, poderiam ser abertos

---

11  Para relatos desses debates, ver KYMLICKA, W. *Liberalism, Community, and Culture*. Oxford: 1989, e MULHALL, S., SWIFT, A. *Liberals and Communitarians*. Oxford: 1992.

A ideia de cultura

plenamente os canais de acesso para dar vazão a essa diversidade cultural. Estabelecer um pluralismo cultural genuíno, em resumo, exige ação socialista combinada. É precisamente isso que o culturalismo contemporâneo falha em perceber. A posição de Williams sem dúvida pareceria a esse culturalismo estranhamente residual, para não dizer positivamente arcaica; o problema, de fato, é que nós temos ainda que alcançá-la.

Para Williams, portanto, o que mais importa não é a política cultural, mas a política da cultura. A política é a condição da qual a cultura é o produto. Já que rejeita qualquer noção marxista-vulgar de cultura como "secundária", Williams vê isso não como uma doutrina ontológica, mas como um imperativo prático. Eliot, que como tóri está comprometido na prática com uma ordem social individualista que segue na direção oposta do seu ideal cultural, deixa fatalmente de perceber essa ordem de prioridades. O mesmo faz boa parte das políticas de identidade de hoje em dia. A própria noção de liberar diferenças culturais implica que isso é bom em geral, o que por sua vez implica uma política de igualdade universal. A isso, ironicamente, muitos adeptos da política de identidade são ou hostis ou indiferentes. Mas não existe uma "política cultural", no sentido de certas formas de política que são especificamente culturais. Ao contrário, a cultura não é em absoluto inerentemente política. Não há nada de inerentemente político em cantar uma canção de amor bretônica, organizar uma mostra de arte afro-americana ou declarar-se lésbica. Essas coisas não são nem inata nem eternamente políticas; tornam-se isso apenas sob específicas condições históricas, geralmente de um tipo desagradável. Elas se tornam políticas apenas quando são apanhadas num processo de dominação e resistência – quando essas questões, de outra forma inócuas, são transformadas por uma razão ou outra em terrenos de disputa. O ponto último de uma política de cultura é devolver a elas a sua inocuidade, de modo que se possa cantar, pintar ou fazer amor sem a incômoda perturbação da disputa política. É verdade que há proponentes de uma política de identidade que não terão então nenhuma noção do que fazer consigo mesmos, mas isso é problema deles, não nosso.

A distinção bem conhecida de Williams entre formas residuais, dominantes e emergentes de cultura encontra algum eco nas considerações deste livro. A residual, insiste ele, não é a mesma coisa que a arcaica, embora na prática as duas sejam muitas vezes difíceis de distinguir. À diferença da arcaica, a residual é ainda um elemento ativo do presente, uma expressão de valores e experiências que uma cultura dominante não consegue acomodar plenamente. Dentre os exemplos que dá de tais formações, Williams apresenta a comunidade rural e a religião organizada. Uma boa parte da cultura como identidade ou solidariedade é, nesse sentido, residual – enclaves de resistência tradicionalista dentro do presente que tiram a sua força de "alguma instituição ou formação social e cultural prévia",[12] e que, nos termos de Williams, podem ser ou "oposicionistas" ou "alternativas". Se o nacionalismo é, entre outras coisas, uma forma oposicionista de cultura residual, o pensamento *New Age* é uma forma alternativa. No entanto, esses movimentos são também produtos do presente, assim como potenciais arautos do futuro. Na verdade, o que acontece em nossa época poderia ser visto como uma mistura crescente de todas as três categorias de Williams. A cultura dominante, ela mesma um composto desigual do "alto" e do pós-moderno, de civilidade e comercialismo, cada vez mais solapa as identidades tradicionais, pressionando assim o residual a ponto de ele reaparecer como emergente. A família, região, comunidade, código moral, tradição religiosa, grupo étnico, Estado-nação ou ambiente natural, encontrando-se sitiados, inspiram um movimento que, desafiando a cultura dominante do presente, reivindica aquilo que poderia estar além dela. À medida que o pós-modernismo proclama

---

12 WILLIAMS, R. *Marxism and Literature*. Oxford: 1977. p.122.

A ideia de cultura

um final da história, essas forças continuam a representar aquele cenário mais modernista no qual o passado retorna, dessa vez como o futuro.

O que colocou o tópico da cultura de maneira mais imediata na agenda de nossa época foi, sem dúvida, a indústria cultural – o fato de que, num desenvolvimento histórico de pós-guerra, a cultura agora ficou totalmente integrada no processo geral de produção de mercadoria. Mas isso é simplesmente parte de uma narrativa mais extensa e mais complexa de nossos tempos, consumando um desabrochar da cultura "de massa" cujo trajeto remonta pelo menos ao *fin de siècle*. Nas primeiras décadas do século XX, as discussões acerca da cultura realmente eram sobre essa evolução momentosa, que parecia para muitos pressagiar a morte da própria civilidade. Os debates, em resumo, eram em grande parte centrados em torno de "alta" cultura *versus* cultura "de massa", e os tons elegíacos desse *Kulturpessimismus*, que reverberam hoje em dia na obra melancólica de George Steiner, foram novamente ecoados de Oswald Spengler a Ortega y Gasset, de F. R. Leavis a Max Horkheimer, de Lionel Trilling a Richard Hoggart. O que a maioria desses debates omitiu foi o fato de que uma arte que era ao mesmo tempo onerosamente complexa e politicamente subversiva tinha, na verdade, florescido brevemente: a *avant-garde*. Foi em parte por ter essa vanguarda sucumbido à pressão política que a arte "elevada" agora parecia tão aflitivamente desconectada das correntes populares.

O nome de Hoggart, entretanto, marca uma significativa mudança de perspectiva, pois *The uses of literacy* [Os usos da capacidade de ler e de escrever] era, por assim dizer, um *Kulturpessimismus* da esquerda, ao mesmo tempo um documento tardio dessa velha linhagem e um primeiro ensaio em uma nova. A cultura ameaçada e a ser pranteada não era mais o elevado humanismo europeu, mas a vida proletária do Norte da Inglaterra. O trabalho magnificamente original de Hoggart apareceu mais ou menos na mesma época que *Culture and society 1780-1950* de Williams, mas neste último a transição decisiva já havia sido feita. A ideia de cultura foi então reapropriada pela esquerda política, como uma resposta a uma nova espécie de capitalismo de pós-guerra, no qual a mídia e o consumismo avolumavam-se cada vez mais, e também como uma forma de distanciar-se de um stalinismo notoriamente filisteu. Havia, de fato, uma rica herança de escritos culturais de esquerda, tanto dentro como fora dos partidos comunistas, que certamente não havia nascido com a Nova Esquerda; mas uma geração de ex-proletários intelectuais do Ocidente, em grande parte não comunistas e em busca de um novo alinhamento político, podia encontrá-la, dentre outros lugares, no conceito de cultura, que associava convenientemente sua formação humanista às novas correntes sociais do Ocidente do pós-guerra. O movimento pacifista forneceu outro ponto de identidade, num estágio da Guerra Fria em que a sobrevivência da cultura em qualquer sentido da palavra parecia estar em dúvida.

Esse *rapprochement* teórico entre política e cultura iria em breve encontrar sua encarnação na política cultural dos anos 60. Todavia, como essas esperanças políticas regrediram, a indústria cultural se expandiu durante os anos 70 e 80 até que um novo termo foi necessário para o fenômeno que ela designava: pós-modernismo. O que a palavra sinalizava, com efeito, era que a *Kulturkampf* à moda antiga entre civilização de minoria e barbarismo de massa estava agora oficialmente terminada. Os anos 60 tinham desafiado a arte aristocrática em nome da arte populista e subversiva, mas o que havia agora triunfado não podia mais ser capturado inteiramente por nenhuma dessas categorias. Se era populista, certamente não era subversiva. Incluía a arte elevada, mas agora completamente incorporada na produção de mercadorias; ela abarcava a cultura "de massa" altamente sofisticada e o vulgar e o *kitsch*, experimentos de vanguarda e banalidade comercial.

Havia ainda distinções entre alta e baixa; mas a alta cultura tradicional, ainda com alguns fortes ecos de classe, estava então sendo cada vez mais posta de lado, enquanto não havia quase nenhuma cultura popular fora das formas comerciais. Em caso contrário, as próprias distinções entre alta e baixa estavam sendo amplamente relocadas dentro de uma cultura híbrida, transpassando limites, que espalhava sua influência indiferentemente em todos os enclaves sociais, em vez de como uma hierarquia de universos isolados e mutuamente incompreensíveis. Isso não era, de fato, um desenvolvimento totalmente novo. Entre a tradicional estrutura de classes e a tradicional hierarquia cultural de dominância nunca tinha havido uma correlação simples; a aristocracia não se fez notar por seu amor por Schoenberg. A alta cultura sempre foi o território favorito da *intelligentsia* mais do que uma questão estritamente de classe, embora a *intelligentsia* ela própria geralmente o seja. A cultura pós-moderna, ao contrário, é sem classes no sentido de que o consumismo é sem classes, o que quer dizer que ele vai além das divisões de classe ao mesmo tempo que impulsiona um sistema de produção que considera essas divisões indispensáveis. De qualquer modo, o consumo de uma cultura sem classes é hoje em dia cada vez mais a marca da classe média.

Para fazer jus à marca registrada de "pós-moderno", entretanto, algo mais era necessário. O que se sentiu que foi alterado não foi apenas o conteúdo da cultura, mas o seu *status*. Era a sua influência transformadora nos outros níveis da sociedade que importava, não apenas o fato de que ela estava cada vez mais presente. O que estava acontecendo, nas palavras de Fredric Jameson, era "uma prodigiosa expansão da cultura por meio do âmbito social, a um ponto em que se pode dizer que tudo na nossa vida social – do valor econômico e do poder do Estado até as práticas e a estrutura da própria psique – tornou-se 'cultural' num sentido original e ainda não teorizado".[13] Assim como a

---

13 JAMESON, F. Postmodernism, Or the Cultural Logic of Late Capitalism. *New Left Review*, n.146, p.87, jul. 1984.

política foi espetacularizada, as mercadorias estetizadas, o consumo erotizado e o intercurso social semioticizado, a cultura pareceu ter se tornado o novo "dominante" social, tão entrincheirada e difundida à sua própria maneira como a religião na Idade Média, a filosofia na Alemanha no início do século XIX, ou as ciências naturais na Grã-Bretanha vitoriana. "Cultura" significava que a vida social era "construída", e portanto mutável, múltipla e transitória, de uma forma que tanto os ativistas radicais como os peritos em consumo podiam aprovar. Mas a cultura era também agora uma "segunda natureza" em grau extremo, de durabilidade maciça e absolutamente fundacional. O capitalismo avançado levou a cabo a artimanha improvável de naturalizar suas próprias formas de vida apelando não para a sua permanência, mas para a sua perecibilidade.

A cultura, porém, precisava ainda de outro componente para se tornar completamente pós-moderna. Se tinha deixado sua marca no capitalismo, iria igualmente deixar sua marca na esquerda. O que havia restado dos politicamente turbulentos anos 60 era estilo de vida e política de identidade, que, com a paralisação da luta de classes em meados da década de 1970, passaram cada vez mais para o primeiro plano. O movimento feminista, eclodido durante os inóspitos e masculinistas anos 60, mas florescendo na estreita brecha entre o colapso dessa cultura e o início de uma reação global, foi reforçado por outros movimentos para os quais a cultura não era nem um acessório opcional nem uma distração idealista, mas a própria gramática da luta política. Entrementes, enquanto o Ocidente havia conduzido os seus ansiosos debates culturais do pós-guerra, o mundo colonizado estava vivendo a era das lutas de libertação nacional. Embora questões culturais tomassem aqui necessariamente uma posição secundária com relação a questões políticas, amplos setores do globo estavam apesar disso sendo reconstruídos por uma corrente política – o nacionalismo revolucionário – cujas raízes estavam profundamente inseridas na ideia de cultura.

A ideia de cultura

À medida que essas disputas coloniais chegavam a um ponto culminante no período da Guerra do Vietnã, elas se cruzaram com a política cultural da esquerda ocidental, numa aliança bizarra, embora estimulante, de Godard e Guevara. Mas esses também foram os anos de uma migração pós-imperial contínua, quando a identidade cultural na Grã-Bretanha e em outros lugares estava sendo posta em crise, não apenas pela anomia pós-imperial, mas pelo ressurgimento da questão imperial na forma perturbadora de uma nação potencialmente multicultural. A cultura estava assim também em jogo em debates sobre o próprio destino das sociedades ocidentais, que já se encontravam desorientadas pela perda da identidade imperial, americanização cultural, a influência crescente do consumismo e dos meios de comunicação de massa, e as vozes cada vez mais articuladas de intelectuais oriundos da classe operária que haviam colhido os benefícios da educação superior sem com isso endossarem seus valores ideológicos.

O que gradualmente ocorreu foi uma passagem dessa cultura politizada para a política cultural. A cultura no sentido de identidade, fidelidade e vida cotidiana havia desafiado seriamente uma esquerda filisteia, patriarcal e etnicamente cega. Contudo, à medida que a libertação nacional deu lugar à pós--colonização e a cultura politizada dos anos 60 e início dos 70 deu lugar à pós-moderna década de 1980, a cultura foi o suplemento que veio gradualmente desalojar aquilo que ela havia intensificado. À medida que as forças do mercado penetraram mais profundamente na produção cultural, enquanto as lutas da classe operária eram derrotadas e as forças socialistas, dispersadas, a cultura ganhou renome como "dominante" tanto para o capitalismo avançado como para uma série de seus oponentes. Foi uma mudança muito conveniente para alguns intelectuais de esquerda, que podiam se consolar do retrocesso da sua conjuntura política com o pensamento de que sua alçada profissional tinha agora assumido um significado novo, ousa-

179

damente global. Uma política de esquerda dos anos 70, que havia tentado reteorizar o lugar da cultura dentro da política socialista e que havia se voltado ansiosamente para Gramsci, Freud, Kristeva, Barthes, Fanon, Althusser, Williams, Habermas e outros a fim de fazer isso, foi solapada não pelo filistinismo anticultural da própria esquerda, como havia acontecido tantas vezes antes, mas pelo seu oposto – pela inflação de seus próprios interesses culturais, a ponto de elas ameaçarem desvincular-se completamente da política.

O que ameaçava esses interesses, então, não era inanição, mas indigestão. A famosa "volta para o sujeito", com a sua estonteante combinação de teoria do discurso, semiótica e psicanálise, mostrou ser um afastamento da política revolucionária e, em alguns casos, da política como tal. Se a esquerda dos anos 30 havia subvalorizado a cultura, a esquerda pós-moderna supervalorizou-a. Com efeito, parece que o destino desse conceito é ser ou reificado ou reduzido. Como o dramaturgo David Edgar observa, o pensamento pós-moderno visa

> perseguir os objetivos individuais da contracultura ao mesmo tempo que abandona os meios coletivos mais tradicionais da democracia social; enaltecer a diversidade das novas forças sociais dos anos 60 e 70 à custa do desafio que elas representaram para as estruturas dominantes; privilegiar a escolha pessoal em vez da ação coletiva; validar uma resposta emocional individual ao empobrecimento humanístico e psicológico ao mesmo tempo que desvaloriza as estruturas convencionais de atividade política; romper os vínculos ideológicos entre intelectuais de oposição e os pobres.[14]

A contracultura dos anos 60, desvinculada de sua base política, transformou-se no pós-modernismo. Por sua vez, no antigo mundo colonial, novos Estados haviam emergido no

---

14  EDGAR, D. (Ed.) *State of Play*. Londres: 1999. p.25.

A ideia de cultura

encalço de um nacionalismo revolucionário que então ou havia se desvanecido da memória política, ou fora vigorosamente apagado dela. Tornou-se assim fácil acreditar que o que estava em jogo ali também era menos a política do que a cultura, em especial quando começou a florescer uma literatura pós-colonial espantosamente fértil, e quando dissidentes que não conseguiam encontrar nenhuma identidade assegurada num Ocidente pós-político começaram a procurar seriamente por ela no exterior. As sociedades pós-coloniais podiam também oferecer alguns pontos de referência alegóricos para a política de identidade no Ocidente. E quando a esquerda voltou-se progressivamente para a cultura, o capitalismo avançado também o fez, numa espécie de grotesca imagem refletida, na medida em que o que antes era chamado de política, trabalho ou economia agora encenava seu reaparecimento como imagem e informação.

Isso não significa, é preciso dizer, igualar as campanhas contra o racismo com as maravilhas da televisão digital. Um período que viu novos tipos de predominância testemunhou também novas formas de emergência, desde os movimentos pacifistas e ecológicos a agências de defesa dos direitos humanos e campanhas contra a pobreza e pelos sem-teto. Nesse sentido, como vimos, nossas guerras culturais são uma luta em quatro frentes, e não em três. Se existe cultura como civilidade, cultura como identidade e cultura como comercialização, há também a cultura como protesto radical. Como coloca David Edgar:

> Primeiro, existe o modelo aristocrático, que vê o papel da arte como enobrecimento, seu domínio, a nação, sua forma organizacional, a instituição, seu repertório, o cânone estabelecido e as obras que aspiram juntar-se a ele, seu público básico, a elite cultural. Em oposição tradicional ao modelo aristocrático está o modelo popular, que vê o objetivo primário da arte como o entretenimento, seu domínio, o mercado, sua forma, o negócio, seu público, as massas. Contrário a ambos está o modelo provocativo (tanto no conteúdo como na forma), que define o papel

das artes como o desafio, seu âmbito, a comunidade, sua forma, a coletiva, seu público, variado, mas unido em seu compromisso com a mudança.[15]

O esquema de Edgar é sugestivo, embora ele deixe de assinalar que algumas formas tanto da cultura aristocrática como da popular podem ter um conteúdo radical. Ele também ignora as culturas de identidade, cuja relação com a política de mudança é claramente ambígua. Se políticas de identidade pertencem aos movimentos contemporâneos mais emancipatórios, algumas formas dela também foram fechadas, intolerantes e supremacistas. Surdas à necessidade de solidariedade política mais ampla, elas representam um tipo de individualismo de grupo que reflete o etos social dominante tanto quanto diverge dele. Elas são culturas comuns exatamente no sentido não pretendido por Williams. Na pior das hipóteses, uma sociedade aberta torna-se uma sociedade que fomenta toda uma série de culturas fechadas. O pluralismo liberal e o comunitarismo, nesse sentido, são imagens refletidas um do outro. As ações predatórias do capitalismo engendram, como reação defensiva, uma multidão de culturas fechadas que a ideologia pluralista do capitalismo pode então celebrar como uma rica diversidade de formas de vida.

A cultura tornou-se uma preocupação vital da idade moderna por toda uma série de razões. Houve a emergência, pela primeira vez, de uma cultura de massa comercialmente organizada, que foi percebida como uma ameaça calamitosa à sobrevivência dos valores civilizados. A cultura de massa não foi apenas uma afronta à alta cultura; ela sabotou toda a base moral da vida social. Houve também o papel desempenhado pela cultura em cimentar os laços do Estado-nação, assim como em fornecer a uma classe dominante cada vez mais agnóstica uma alter-

---

15  Ibidem, p.11.

A ideia de cultura

nativa apropriadamente edificante à crença religiosa. As culturas no sentido de modos de vida distintos foram colocadas em um relevo dramático pelo colonialismo, confirmando a superioridade da vida ocidental, mas também relativizando a identidade das forças colonialistas exatamente no ponto em que precisavam sentir-se mais seguras dela. Na época pós-imperial, esse abalo na identidade foi trazido para mais perto de casa na forma de imigração étnica, ao passo que, simultaneamente, mudanças na natureza do capitalismo empurraram a cultura para o primeiro plano por meio de uma estetização disseminada da vida social. Enquanto isso, o mundo drasticamente reduzido do capitalismo transnacional colocou, de forma cada vez mais eclética, diversos modos de vida juntos, tornando os homens e mulheres conscientes de suas identidades culturais de maneira nova e ao mesmo tempo, e também de um modo novo, inseguros a respeito delas. À medida que a política de classes pareceu estacar em face desse agressivamente novo bloco de poder global, novas correntes políticas, para as quais a cultura no sentido amplo era a própria matéria da política, tomaram o seu lugar. Ao mesmo tempo, nos regimes autoritários do antigo bloco soviético, a cultura tornou-se uma forma vital de divergência política, uma vez que o manto da resistência passou dos políticos para os poetas.

Em face desse florescimento cultural, um fato sério precisa ser lembrado. Os problemas básicos com que nos defrontamos no novo milênio – guerra, fome, pobreza, doenças, endividamento, drogas, poluição ambiental, o desenraizamento de povos – não são em absoluto especialmente "culturais". Eles não são basicamente uma questão de valores, simbolismo, linguagem, tradição, pertinência ou identidade, e muito menos uma questão das artes. Os teóricos culturais *como* teóricos culturais têm muito pouco para contribuir para a sua resolução. No novo milênio, surpreendentemente, a humanidade encara quase os mesmos tipos de problemas materiais de sempre, com alguns poucos novos de acréscimo, como endividamento, drogas e armamentos nucleares. Como quaisquer outras questões materiais, esses assuntos têm um lado cultural; são associados a crenças e identidades, e cada vez mais emaranhados em sistemas doutrinários. Mas eles são problemas culturais somente num sentido que arrisca estender o termo a ponto de perder totalmente seu significado.

A cultura não é unicamente aquilo de que vivemos. Ela também é, em grande medida, aquilo para o que vivemos. Afeto, relacionamento, memória, parentesco, lugar, comunidade, satisfação emocional, prazer intelectual, um sentido de significado último: tudo isso está mais próximo, para a maioria de nós, do que cartas de direitos humanos ou tratados de comércio. No entanto, a cultura pode ficar também desconfortavelmente próxima demais. Essa própria intimidade pode tornar-se mórbida e obsessiva a menos que seja colocada em um contexto político esclarecido, um contexto que possa temperar essas imediações com afiliações mais abstratas, mas também de certa forma mais generosas. Vimos como a cultura assumiu uma nova importância política. Mas ela se tornou ao mesmo tempo imodesta e arrogante. É hora de, embora reconhecendo seu significado, colocá-la de volta em seu lugar.

# Índice remissivo

Absolutismo 86, 113
abstração 10, 86-7, 115, 117,
 142
Adorno, Theodor 69,96
agressão primária 156
agricultura 9, 10
Ahmad, Aijaz 101
alienação 49, 66, 104, 117
alienígenas 75, 76
alta cultura 27, 40, 60, 65, 67,
 68, 69, 76, 87, 113, 119, 120-
 1, 150
 e cultura pós-moderna 105-6
 como força política 165
 como persuasão moral 83
 ocidental 80-3
 "da OTAN" (Jameson) 80
 pretensões universalistas da
  112
 tradicional 176

alteridade 44, 139
Althusser, Louis 138, 163, 180
amabilidade 151
ambiguidade pós-estruturalista
 131
América Latina 133
americanização 179
amor 157
anarquia 23
animais, humanos comparados
 com 140-1, 142-3
anomia 104
antifundacionalismo 110-1, 119
antinaturalismo metafísico 134
antropologia 26-7, 42-4, 46-7
 cultural 24, 25
 estrutural 46
aparato ideológico 163
*Apontamenos para a definição de
 cultura* (Eliot) 164-8

Archer, Margaret S. 52
argumento 150
aristocracia 23, 170, 182
aristocrático, modelo 66, 181
Aristóteles 55
Arnold, Matthew 10, 16, 23, 31, 34, 51, 63-4, 68, 125
  religião e cultura 103-4, 123
arquétipo 18
arte
  cultura como 67
  define aquilo para o que vivemos 96
  e inteligência 34
  e liberdade 14
  modernista 40
  *ver também* artes; obras de arte
artefatos 96, 152
artes 40-1, 56, 58, 60, 182-3
  como índice de qualidade da vida social 37
  como transformadoras 35
  e crítica 62
  especializações da cultura às 29
  importância social atribuída às 29
  papel na reinvenção da cultura ocidental 101
articulação 108
artificial, o 11, 14
assistência social 39
atemporalidade 125, 136
atividade 45
  negação da 33, 34
autoconsciente 59, 162
autocriação, sonho americano de 128

autocrítica 98
autocultura 15
autodestrutividade 156-7
autodeterminação 123, 141, 144
autoexpressão 61
autoimagem coletiva 59
auto-opacidade 139-40
autorracionalização 110
autorreflexividade 15, 138
autonomia
  do espírito 14
  da vida prática 154
autoridade
  espiritual 106
  global 109
  e a internalização da lei 76
  religiosa 11
avaliação 14
*avant-garde* 47, 120, 175
  russa 123

Bacon, Francis 10
Balzac, Honoré de 81
Banaji, Jairus 44
bandeira nacional 106
barbarismo 20, 43, 81, 102, 153
Barthes, Roland 180
base e superestrutura 10, 49
Bauman, Zygmunt 55
Beattie, John 25
bem-estar político 144
Benda, Julien 60
Benedict, Ruth 88
Benjamin, Walter 36, 153-4
Bentham, Jeremy 137
*Bildung* 16-7
Billington, R. 55

biologismo 133
Blake, William 121
bloco de poder global 183
boa-vida 151
Boas, Franz 26
Bond, Edward, Lear 143
Bourdieu, Pierre 164
burguesia 23, 62, 171
*Burgher* 23
Burke, Edmund 25, 136, 167
Byron, Lord 23

cafés 102
Canadá 133
câncer 130
cânone 79, 81, 85, 96, 113, 181
capacidade para cultura e
    história 142
capacidade negativa (Keats) 70
capital
    mobilidade do 114
    ocidental 124
*O Capital* (Marx) 45
capitalismo 22, 29, 35, 39, 64,
    104,119, 124, 141, 176
    avançado 96, 110-1, 178-9,
      181
    autoritário 77
    crítica do 29, 30, 31
    e culturas fechadas 182
    global 114
    e ideologia 100
    mudanças na natureza do 183
    e secularização 104
    transnacional 94, 97, 183
caráter ilimitado e aberto 13,
    47, 139
carnavalesco 104-5, 130, 155

*Cartas sobre a educação estética do*
    *Homem* (Schiller) 18
catolicismo 122
ceticismo 109, 152
Chateaubriand, François
    Auguste René, visconde de
    102
chauvinismo 89
cidadania
    do mundo 88, 92
    política 16-7
cidades pós-modernas 108
ciências humanas 136
    crise nas 106
ciências naturais 136, 178
civilidade 19, 25, 34, 81, 91, 159
    cultura como 96, 98, 116, 119
    morte da 175
    ocidental 120
civilização 19, 26, 83, 97, 152
    e a burguesia 23
    como atividade 45
    como autocontraditória 38
    cultura em guerra com a 22-3
    força descritiva ou normativa
      20-1
    fracasso da cultura como 35
    Freud a respeito da 155-6
    fundada no cultivo 17
    e imperialismo 22
    no indivíduo 32
    ocidental, e esporte 104-5
    ocidental, legitimação
      espiritual 99
    relação da palavra "cultura" à
      19, 20
*Civilização de massa e cultura de*
    *minoria* (Leavis) 23

*A civilização e seus descontentes* (Freud)

civilização ocidental 71, 99

e esporte 104-5

classe

dirigente, *ver* aristocracia

operária 38, 56

social 170

*ver também* aristocracia; burguesia; classe média; classe operária

classes

sem 177

classe média 177

europeia pré-industrial 21, 32

clemência 148

Clinton, Bill 131,132

Clinton, Hillary 130

código moral oficial 121

coerção 67, 76

coerentismo 135

*colere* (Lat) 10

Coleridge, Samuel Taylor 17, 34

*Sobre a constituição da Igreja e do Estado* 23

colonialismo 10, 27, 42-3, 71-3, 123, 183

*colonus* (Lat) 10

comédia 123

comercialização 103

compaixão 147, 149, 150, 152

comportamento

e crenças 163-5,

cultura definida em termos de 52

compreensão 74

comprometimento 42

compromisso 117

comunalismo 95, 96

comunicação, novas possibilidades de 39, 141-2

comunidade 117

rural 174

comunismo 114, 176

comunitarismo 66, 70, 95, 97, 112, 116, 121, 172, 182

conceitos 134

conciliação 64

concretude 35-6

conflito 32, 60, 64, 79, 155

de culturas e a ideia da unidade da Cultura 100

político 34

conformidade 66, 166

conhecimento

disciplinado 44

regimes de 76

transcendente, desconfiança com relação ao conhecimento 136

consciência

avanço em 168

e o corpo compassivo 147-51

descentrar da 45

graus de 163

*ver também* o inconsciente,

consenso 60, 77, 84

coercitivo 107

moral nas obras de arte 150-1

consentimento 76

conservadorismo 105, 136, 167, 170

conspiração 114

*Constituição da Igreja e do Estado, Sobre a* (Coleridge) 17, 23

construtivismo 11, 36, 122

consumismo 48, 96, 119, 131, 176, 177, 179
gay 106
consumo eroticizado 178
conteúdo, desinteresse ao nível do 31
contexto, pertinência a um 140
contingência e universalidade 86-7
contracultura 125, 180
contradições 31, 91, 156
convenção 134
corpo
como meio de humanidade comum 146
como representação ficcional (Freud) 155
consciência e o corpo compassivo 147-51
desejo por um 40
obsessão norte-americana com o 128-9
e a ordem simbólica 140, 155
socialmente construído 158
corporativismo 44, 97-8
cosmopolitismo 25, 94-5, 105, 111-4
costumes, e moral 19
"coulter" 9
crenças 115, 183-4
e comportamento 163-5
sistemas tradicionais de 99
verdadeiras se coerentes 135
criação
de crianças 39
criatividade 29, 38
condições para a 36
crise, e cultura 41, 51-77, 100

cristandade 162, 165
Cultura como um substituto para a 103
crítica 18-9, 22, 35-8, 68
anticapitalista 22, 29, 30-1
imanente 19, 37
de impérios 69
política 144
utópica
crítica literária 60-3
e artes como indicador da qualidade da 37
vida social 37
crueldade 151
culpa 156
cultivo
agrícola 9, 13
e o Estado 16
no indivíduo 32
da natureza humana 15-6
culto 10, 64
cultura
alemã 20, 22-3, 114
ambiguidade da palavra 160
aspectos orgânicos da 13-4, 25, 40, 44-5, 68, 113, 129, 170
científica 44
como a gramática da luta política 178
como ação 10, 104
como antropológica 26-7, 34, 51, 52-3, 68, 97, 113, 159, 167
como contemplação 104
como forma de vida específica 115
como gratificação libidinal 106

como um meio de afirmação 99, 125
como melhoramento social 18-9
como prisão 138-142
como substituta 63-4
como suplemento 141-2
como termo valorativo 160
como terra e *ethos* 111
corporativa 44, 93, 105
em crise 41, 51,-77
e Cultura 22, 59-60, 68-73, 79-126
estética 30, 66, 68, 76
étnica 42, 90-2
evolução dos modelos de 181-2
expansão da 177-84
folclórica 23, 38, 44, 68
forma arcaica de 174
forma residual de 174
de identidade 43, 106, 124
de massa 42, 51, 175-6, 182
minoritária 161
moral 101
e natureza 9, 11-15, 127-158
nova...social dominante 105
origens da palavra 45
da polícia 59
políticas de 173
popular 51, 81, 150, 162, 181-2
formas comerciais da 177
romantização da 25
pós-moderna 96, 105-7, 119, 120, 123, 125, 177-8
os quatro significados de Williams de 56

*status* da 177-84
versões de 9-50
*ver também* contracultura; alta cultura
cultura comum
conteúdo 171
forma política 172
a noção de Eliot de 159-63, 168, 171
rumo a uma 159-84
Williams a respeito da 168-74
*Cultura Primitiva,* (Tylor) 55
*Cultura e sociedade (1780-1950)* 34, 43, 50, 52, 55-6, 160, 175
"Cultura e Sociedade" 19
culturais
estudos 67, 130
guerras 79-126
práticas positivas e negativas 39
cultural
indústria 106, 175-6
produção 58
teoria 183-4
transmissão 167
culturalismo 173
pós-moderno 133
como reação ao naturalismo 137
culturas 25, 27, 81, 82, 84
arbitrariedade das 137
fechadas 182
*culture* (Fr) 22
*cultus* (Lat) 10
cumplicidade 69, 70

Dante Alighieri 80-1, 101-2, 104
decadência 47

*Decadência do Ocidente, A*
(Spengler) 22
definição funcional 57-8
deformação temporal 124-5
deidade substituta 122
democracia 49, 125, 165, 169, 172
devolução de poder 118
participativa 169, 172
social 180
Derrida, Jacques 12
desconstrução 11, 19, 65
como crítica imanente 38
descrição
e avaliação 14
ou força normativa 20-1, 26, 149
desejo 40, 156-7
desemprego 119
desenvolvimento 56, 58
desinteresse 30, 118
determinação 122-3
cultural 138
*ver também* autodeterminação
determinismo 45, 149
europeu 132
orgânico 14
Deus 63, 122
dialética 38, 127
diálogo 74
diáspora 68
dieta 128-130
diferença 48, 79
afirmação autêntica de 99, 152-3
cultural, fetichização da diferença 67, 74
e identidade 84, 108
direito de intervenção 73

direitos
abstratos e *ethos* 91
políticos 42
direitos humanos, agências de defesa dos 181
discurso público vitoriano nos Estados Unidos 131-2
dissidência 27, 62, 66, 68, 183
diversidade 28, 66, 173
dominação
global, políticas de 125, 181
novas formas de 158
e resistência 173
*ver também* hegemonia
Dostoievski, Fiódor 104
dualidade 40

ecologia 57, 136,
economia 48, 49, 65, 94, 96, 133
econômico, o, e o semiótico 153
Edgar, David180-2
Educação 99, 72
Sentimental 72
egoísmo 72, 151
Elias, Norbert 20
Eliot, T. S. 40, 46, 159-63, 172-3
*Apontamentos para a definição de cultura* 163-8
*A Terra Desolada* 166
elitismo 66, 68, 79, 103, 105, 159, 166-7, 169, 170-1, 181
emancipação 102, 118
modernidade, o projeto de emancipação da 123-6
emoção
teatralizada 132
*ver também* sentimentos; paixão; sentimento

empatia 70-7
Empson, William 155
Eros 155-6
Erotização 178
Escravatura 31, 102
Esotérico 120
especificidade
  e generalidade 108
  e perda de normatividade 35
espírito 14, 18-20, 30
  de humanidade 81-7
  unidade do espírito humano
  81
espiritualidade, e cultura da
  mercadoria 106
esportes 105
essência da espécie (Marx) 144
essencialismo 84-6, 133
Estado
  aparato do 67
  cultivo do e política 16-7
  meio universalizante do
  87-92
  mitologia das origens do
  Estado pós-colonial 92
  e nação 92
  e sociedade civil 16-18
Estado-nação 42, 92-5, 182
  na modernidade 88-9, 90-2
Estados modernos 40, 63, 66,
  129, 130-3
Estados Unidos 40, 63, 66, 129,
  130-3
  discurso público vitoriano
  131-2
  estudos culturais 130
  fetichismo do corpo 128-31
  voluntarismo 131-2

estética 48, 113, 141
  da mercadoria 48, 178
  e nacionalismo 95
estético
  cultura como o 51,52, 54-5,
  96 102, 105
  de Schiller 33-4
estilo de vida 48, 112, 178
estrangeiro 88
estranho 11
estrutura 108
estruturalismo 47, 54
estilo 48, 113
  desconfiança puritana do 130-1
ética 70
  da responsabilidade comum
  169
etnicidade 64, 118, 120, 124
etnocentrismo 87-8, 135
ethos 96, 111
  e direitos abstratos 91
etimologia 9, 10, 13, 19
eu
  coletivo 17
  essencial 138
  moderno e protestante-
  -individualista 122
eurocentrismo 24, 47
Europa 40, 82, 101-2
  contrastada com a América
  128-133
evidência 150-2
evolução 14, 45
excedente 58, 72, 145, 147-8
excelência 96
excesso 145
expectativas biológicas (Bond)
  143

exclusivismo 66, 68-9, 97-8, 102
exploração 39, 141, 150, 153
expropriados, os 113, 115, 120
externalização 132

fanatismo 102
Fanon, Frantz 180
Farrell, Frank 121-2
fato, e valor 21, 26, 37, 44, 115, 146-9, 150
*Fazendo o que vem instintivamente* (Fish) 138
*felix culpa* 141
feminismo 61, 65, 11, 120-1
fenomenologia 65
Fichte, Johan Gottlieb 42, 122, 131
filisteísmo 103, 179, 180
filme 80
filosofia 11, 178
Fish, Stanley,
   *Fazendo o que vem instintivamente* 138
Fiske, John 25
Flaubert, Gustave 81
forças, e significado 153-7
forma
   coletiva 182
   emergente de cultura 174, 181-2
   estética 83
   política no nível da 31
   suspeita da... como falsidade 131
Foster, John Bellamy 67, 113
Foucault, Michel 77, 144
fragilidade, *ver* vulnerabilidade
fragmentação 59, 66

França
   civilização 20
   cultura 20-2
Freud, Sigmund 40, 45, 106, 153, 155-6, 180
   *A Civilização e seus Descontentes* 155-6
Frow, John 55, 80
Fumo 129-30
Funcionalismo 44
Fundacionalismo 152
   *ver também* anti-fundacionalismo
fundamentalismo 109, 119
   islâmico 121
   religioso 97, 104
futuro, o 35, 37, 47, 124-5

Gandhi, Mahatma 38
Geertz, Clifford 53
*Geist* 82
Gellner, Ernest 42
*Gemeinschaft* 36, 41, 91
genealogia (Nietzsche) 154
generalidade, e especificidade 108
generosidade 151-2
genocídio 69, 102
*gentleman* 20
geografia 133
geopolítica 97, 116, 120
*Gesellschaft* 36, 91
gesto 143
globalização 94, 106-9, 121
Goethe, Johan Wolfgang von 62, 80-1, 102
gótico 41
governo bem-sucedido 76

Gramsci, Antonio 180
grandes narrativas 35, 123
grupos
   majoritários 66
   marginais 66, 79
   minoritáiros 27, 31, 84
Guerra Fria 107

Habermas, Jürgen 124, 180
*habitus* (Bourdieu) 164
Haferkamp, Hans 55
Hall, Stuart 55
Hartman, Geoffrey 43
   *A Questão Fatídica da Cultura*
   43, 58, 59, 68
Harvey, David 13
Hazlitt, William 62
Heaney, Seamus 101-2
hebraísmo 103-4
hedonismo 129, 137
Hegel, Georg Wilhelm Friedrich
   85
hegemonia 19
   *ver também* dominação
Heidegger, Martin 161
helenismo 103-4
Heráclito 124
Herder, Johann Gottfried von
   23-5, 42-3
hermenêutica 47, 73, 153
hibridez 28, 47, 95, 111, 116,
   124, 172, 177
hierarquia 48
historicismo 86, 136
história 132, 141
   aspectos positivos e negativos
     da 39
   o fim da 175

a mão morta da 107
   material de Marx 153
   para Nietzsche 154
   processo imperfeito da 34
Hobbes, Thomas 137, 149
Hoggart, Richard, The Uses of
   Literacy 175
homem ideal 18
Homero 81
homossexuais, grupo em defesa
   dos direitos dos 97-9
horizontes 139
Horkheimer, Max 124
Humanidade 17, 82-4
   espirito da 84-6
   Ocidente e 107
   em termos anticulturais 137
humanismo
   europeu, tradição do 102
   liberal 31, 85, 152
   protestante 123
   romântico 100

ícone religioso 106
Idade Média 121
Ideia (Hegel) 84
Idealismo 14, 64, 109, 153
   alemão 23
ideias 167, 170
identidade 28, 137-40
   coletiva 64, 69, 97, 111, 117
   cultura como 68, 96, 106,
     112, 116, 120, 121, 172,
     174,
   cultural 94-5, 98
   e diferença 84, 108
   global 92
   grupal 69

judia 68-9, 114
*ver também* identidade cultural
identidade cultural
  escolha da 89, 90
identidades
  crenças e 183-4
  locais 69
  múltiplas 28, 117
  tradicionais 174
ideologia 48, 166
  e alta cultura 83
  autoconsciência irônica 86
  como encontro de poder e
    significado 154
  a definição de Althusser de
    163
  ocidental 86
  prática 55
  teoria e 138
  uso da cultura como 58
igualitarismo 114
igualdade 99
*Inverno, Um Conto de*
  (Shakespeare) 11
Iluminismo 14, 20, 23, 24, 36,
  48, 66, 98
  crítica do 24, 46
imagem 47-8, 61, 181
imaginação 29, 38, 48-9, 70-6,
  81, 137-8
imodéstia 122, 128, 141, 146,
  148
imperialismo 25, 42, 44, 47, 71,
  107
  e civilização 22
inconsciente, o 142, 161, 167-
  171
  político da humanidade 45

independência política 17, 123
individuação 158
individual 21, 81
  e universal 84-8, 93, 158
individualismo possessivo 171
informação 181
injustiça 39, 154
insegurança 72, 183
instituições artísticas/culturais
  36, 56
instintos freudianos 156
integração 68-9, 70
intelectuais 29, 64, 120, 176
  de direita 170
  ocidentais 176, 178-9
  oriundos da classe operária
    179
inteligência, e arte 34
interesses 154
  contraditórios 31
intercurso social 21, 22, 94, 178
internacionalismo 114
  socialista 115-6
intuição 49
Irlanda do Norte 113
ironia 85, 98, 137, 142, 154
  relação da cultura a seu *milieu*
    histórico 82
  romântica 33
irracionalidade 32
Islã 97, 112, 119, 120

James, Henry 40, 131
James, Paul 117
Jameson, Fredric 43, 80, 177
Johnson, Samuel 62, 81
*Jouissance* 119
judaísmo 103

juízo moral, consistências entre
culturas 151
juízos de valor 21
justiça 31, 39, 154

Kant, Immanuel 153
kantismo 70
Kearney, Richard 101
Keats, John 70
Kluckholm, C. 52
Kristeva, Julia 180
Kroeber, A. L. 52
*Kultur* (Ale) 22, 114
*Kulturkampf* 176
*Kulturkritik* 22, 67
*Kulturpessimismus* 22, 175
*Kulturphilosophie* 34
Kymlicka, Will 172

Lacan, Jacques 153
*Lear* (Bond) 143
Leavis, F. R. 34, 165, 175
*Civilização de massa e cultura de
minoria* 23
lesbianismo 27
Levi, Primo 152
Lévi-Strauss, Claude 46
liberalismo 96-7, 166-7
liberdade 13, 14, 30, 58, 93, 111
divina 122
de movimentação 140
liberdades civis 89
liberais clássicos 172
limites 139
limpeza étnica 68, 80
linguagem 52, 158
como ordem simbólica 140-1
excesso de 145

imprecisão da 139
liberta-nos da prisão 140-1
purificação da 130
literatura
e cultura moral 157
passagem da à política
cultural 60-5
Lloyd, David 16
localidades 69, 74, 117
*Longa Revolução, A* (Williams)
57, 100
luta étnica 61
Luxemburg, Rosa 107
Lyotard, Jean-François 94

*Manuscritos Econômicos e Filosóficos*
(Marx) 148
mal 152
maleabilidade 129
manufatura 13
Martin, Graham 159
Marx, Karl 36, 38, 91, 114, 141,
144, 153-4, 156
*O Capital* 45
*Manuscritos Econômicos e
Filosóficos* 148
marxismo 10, 30, 38, 45, 48, 64,
153
massa, meios de comunicação
de, *ver* meios de comunicação
de massa
matéria-prima 15
materialismo 4-5, 72
cultural 10
ético 151
McGuigan, Jim 25
McIlroy, John 22, 56
meios de comunicação de massa
48, 176, 179

# A ideia de cultura

mentalidade aberta 118-9
mercado 105, 110-1, 179
mercadoria 41, 105-6, 114
  estética da 48, 178
  produção de 48, 175-6
metafísica 63
migração 94, 99, 119
  migração étnica 183
  pós-imperial 179
militância 98-9, 121
Milner, Andrew 49, 52-3
Mito 154
Mitologia 40, 45-6, 92
moda 48
modernidade 47-9
  artefato estético na 93
  o Estado-nação na 88-9, 90-2
  projeto emancipatório da
    123-4
  recente 156
  e tradição 23
modernismo 23-4, 29, 40, 46-7
  auge do 36, 47
  origem na Baixa Idade Média
    do 121-2
modo de ver o mundo 59
modo de vida 35-6, 42, 51-5
  cultura como 23-7, 29, 35,
    40, 113
  e desenvolvimento humano
    geral 34
  total 44, 56, 57, 96, 105, 161
moral, e costumes 19
moralidade 64, 70, 148-9, 150-2
  como sublimação (Nietzsche)
    155-6
mormonismo 133
Morris, William 35, 41

Morte 144, 147, 156
  instinto de 156
  como limite do discurso 128
movimento
  da classe operária 35, 107,
    114, 118, 170
  feminista 178
  operário internacional 114
movimentos
  de libertação nacional 27, 178
  pacifistas 176, 181
Mulhall, Stephen 172
Mulheres 118
Mulhern, Francis 67, 117
multiculturalismo 71, 94, 113, 179
mundo da vida, definindo o
  próprio 43

nação
  e Estado 92
  modelos iluministas da 88
nacionalismo 27, 97, 118, 120,
    124-5, 174
  cívico ou político 92
  clássico 93
  e estética 95
  revolucionário 61, 95, 111,
    178, 181
  romântico 42, 88, 90
nacionalidade 42
Nanda, Meera 112-3
não conformismo 66
narcisismo primário 156
narrativa 108, 129
  *ver também* grandes narrativas
nativismo 97, 116
natural, o
  e o artificial 11

como o culturalmente
  congelado 135
usos pejorativos pós-
  -modernos do termo 136
naturalismo 14
naturalização da cultura 135
natureza
  como sentir-se em casa 140
  como termo valorativo 149
  continuidade da 15
  e cultura 9, 127-158
  descritiva e normativa 149
  interpretação da 148-9
  não levar muito a sério a
    própria natureza 147-153
  negação da 49
  relação com a cultura 10-5
  teoria soberana da 136
*natureza?, O que é a* (Soper) 87,
  128, 134
nazismo 69
necessidade, e valor 155
necessidade(s) 54, 154
  naturais 142-4
  e significação 58
neofascismo 97, 107
neutralidade política 31
*New Age*, pensamento 97, 174
Nietzsche, Friedrich 14, 153-6
nominalismo 121
normas 71
normatividade 35-7, 41, 68, 149
nostalgia 36, 48, 76, 113
Nova Esquerda 176
Nova Ordem Mundial 73

Oakshott, Michael 136
obras de arte 85, 93

construção coletiva das 81
na modernidade 93
portabilidade das 83
servem ao poder 76
de valor reconhecido 36
Ocidente, o 42-3, 46, 106, 119-
  22, 178
  crise política no 43
  e a humanidade 107
  identidade e 71
  imaginação e 71-6
  e outros 97
  universalizando sua própria
    cultura 107-9
ódio 152
ontologia, e o outro 139
oposição 125
opressão 73, 77, 152
oprimidos, os 115
ordem política e cultura estética
  30
ordem simbólica 48, 140
  e corpo em conflito 155
ordem social 25, 38
  orgânica 40
Ortega y Gasset, José 175
Orwell, George 37
OTAN 80, 101

paixão 32
*Palavras-Chave* (Williams) 19,
  34-5
particularismo 68-9, 83-4, 106-
  7, 113-5, 118-9
  "mau" 95
  militante 106
  universalizado 120
partidarismo 30, 108, 118

partidos políticos populistas 120

passado 35, 44, 47, 124

pequena burguesia 66

perfeição 34, 40, 51, 56, 58

persistência 129

*phronesis* (Aristóteles) 55

pluralismo 25-6, 28, 31, 36, 66, 87, 97-8, 124, 182

pós-moderno 172

pobreza, campanha contra a 181

poder 71, 76, 114

blocos de 183

e significado 153-6

uso da cultura para legitimar o 58

e valores 65

poesia 63, 87, 166, 183

política 48, 49

afastamento da 180

cultura e 16, 17, 67, 88-9, 90-4, 176

cultura como a antítese da 63

cultura como antídoto à 31

cultural 179

ecológica 92, 97, 181

emancipatória 42, 48, 98

espetacularização da 48, 178

de esquerda 37, 87, 168, 170, 175-6, 178-9, 180

mundial 79

radical 27, 80, 99, 118, 126, 169, 181

revolucionária 63

política de identidade

categoria inútil 60, 67, 75, 112, 121, 178, 181, 182

paradoxo da 98

e política da cultura 173

e pós-modernismo 27, 96, 106

politicamente correto 130

politização da cultura 65, 179

Pope, Alexander 81

popular, o 113, 120

populismo 23, 62, 79, 113, 120, 159, 166, 171

pós-colonialismo 27, 92, 95, 114, 119, 123-4, 179, 181

pós-estruturalismo 47

pós-individualismo 125

pós-modernismo 25-7, 29, 31, 36, 41, 64-7, 111-5, 174, 180

e as artes 29

hostilidade a oposições binárias 135

origem na Baixa Idade Média do 122

e política de identidade 27, 96, 106

e pragmatismo 109

respeito atribuído à cultura 47

e universalidade 87

posicionamento, e verdade 118

positivismo 44

possibilidade

condições transcendentais da (Kant) 153

razão da 33

potencialidade 16, 38-9

pragmatismo 85-6, 109, 128, 135

práticas vividas (Hall) 55

prazer 113, 136-7

preconceitos culturais 136

presente eterno 125

primitivismo 24, 38, 44, 46
    como crítica do Ocidente 24
privilégios, defesa de 77
problemas materiais, lado
    cultural dos 183-4
processos primários (Freud)
    153, 155-6
progresso espiritual e material
    72
proletariado 44
propaganda 48
protestantismo 122
psicanálise 47, 50, 141-2, 180
puritanismo americano 129, 130
Pynchon, Thomas 151

*Questão Fatídica da Cultura, A*
    (Hartman) 43, 58, 59, 68

racionalidade
    como natureza humana
        universal 129
    iluminista, crítica da 46
    instrumental 30, 54
racionalismo 87, 122
racismo 32, 89, 97
radicalismo de esquerda 37
raízes
    sem 114
Raleigh, Sir Walter 65
Razão 82, 86-8, 91
Real (Lacan) 153
realismo 11, 76, 122, 135
*Realpolitik* 35
recusa dupla 14
reducionismo 14, 133
refinamento 15-6, 18, 32, 69
reflexão 38

regimes autoritários 183
regionalidade 89
*Rei Lear, O* (Shakespeare) 145-9,
    150-2
relativismo
    cultural 24, 26, 112-3, 134-5,
        137
    histórico 86
relativização da cultura 73
religião 63-4, 120, 164-6, 178
    deslocada 123
    força ideológica da 99-101,
        102-5
    Marx a respeito da 36
    organizada 174
    raízes do capitalismo na 100
representações 146
repressão 38-9, 99
República de Weimar 125
republicanismo 90
resistência 152, 173
    política 114, 144, 158
ressentimento 121
revivescimento cultural/
    religioso 112-3
revolução 14, 32
    política 27, 63
Revolução Francesa 91
ricos, brecha com pobres 77
riqueza, redistribuição da 148
ritual 45, 48, 104
    de conformismo inconsciente
        166
romances realistas 76
romantismo 21-2, 24-7, 35, 38,
    42, 44, 47, 82, 91
    e as artes 30-1

Rorty, Richard 72-3, 85-6, 129, 132, 138
Ruskin, John 30, 35, 41

saber-como 55
sadismo 156
sagas 151
sagrado, o 64
Sahlins, Marshall 48
Saïd, Edward 28, 29, 61
Sapir, Edward 52
Savic, Obrad 72, 129
Schiller, Friedrich 16, 19, 30, 33, 34
   *Cartas sobre a Educação Estética do Homem* 18
Schleiermacher, Friedrich 73
sectarismo 104
secularização 63-4, 104, 123
seguir regras 13
segurança e simpatia 72
*Seinfeld* 79
selvagens, *ver* primitivismo
semiótica 53, 141, 178, 180
semiótico, o
   e o econômico 153
   e o somático 155
sem-teto 119, 181
sensibilidade 41, 46
sensitividade 41
sentidos, a linguagem nos liberta da prisão dos 141
sentimento 32, 48
   estrutura do (Williams) 57
   hábitos de 167
   popular 120
   *ver também* emoções; sentimentos

sentimentos
   e ideias 81
   *ver também* emoção; sentimento
separatismo 112
seres humanos
   como animais simbólicos e semióticos 141-2
   imprensados entre natureza e cultura 140-2
sexismo 136
sexualidade 48, 64, 158
Shakespeare, William 81, 124
   *Um Conto de Inverno* 11
   *O Rei Lear* 145-52
   *A Tempestade* 12
Shelley, Percy Bysshe 63, 80
significação 53-4
   da alta cultura 80-3
   e necessidades 58
   poder e
significado 21, 61, 127
   ausência de 153
   e existência corporal 143
   e forças 153-7
   e poder 153-5
   último, sentido do 184
significado social, mudança de significado individual a 21
significados compartilhados 168
significante vazio 140
signo 60-1, 141
simbolismo 64, 104
símbolo romântico 82, 91
simpatia, e segurança 72
simulacro 131
sindicatos 56
"síndrome da Califórnia" 128

sionismo 112
sistema
  antifundacional 110-1
  crise de identidade 107
situado, estar 114
soberania 88, 90
social, mudança 35, 42
sociedades
  exóticas 24
  primitivas 46
  do Terceiro Mundo 27, 113, 121
  tradicionais 48
  tribais 13, 25, 48
  e as artes 40
sociabilidade 158
socialismo 39, 41, 114-6, 169, 172-3
  indiano 97
sociedade 71
  burguesa americana 129, 130-1
  degradada 42
  industrial 21, 44
  moderna 49
  novas formas de 116
  versão esteticizada da 41
sociedade civil
  e cultura 155
  e o Estado 16-8
sociologia 44, 65
sofistas 86
solidariedade 61, 67-8, 91, 95, 97, 104-7, 111, 113-4, 158-9, 174
  internacional 92
somático, o 130, 155
  ver também corpo

sono 130
Soper, Kate 87, 128
  *O que é a natureza?* 87, 134
soviético, bloco 183
Spengler, Oswald 175
  *A Decadência do Ocidente* 22
Steiner, George 102, 175
Stendhal 79, 80
Stravinsky, Igor 46
subculturas 44, 66, 99, 110, 120
subjetividade 76
  social 62
sublimação 106, 155-6
subversão, dentro da história 38-9
sujeito
  colonial 94-5
  com libertade semelhante à divina 122
  descentrado 112
  pertencer a um contexto de sujeito humano 140
  universal 18, 60
  volta ao 180
superego 156
superestrutura, e base 10, 48
suplemento
  cultura como o 141-52
  de Derrida 12
supracultura 110
supranacional, ordem 117
supremacismo 112
supressão 38, 60
Swift, Adam 172

Taine, Hippolyte 62
*Tânatos* 156
tecnocracia 128

*Tempestade, A* (Shakespeare) 12
temporal, o 18
Tennyson, Alfred, Lord 63
teoria
  do discurso 180
  e ideologia 138
  literária 65
Terceiro Reich 114
*Terra Desolada, A* (Eliot) 166
Thomas, Paul 16
Timpanaro, Sebastiano 134, 157
tolerância 110
Tolstoi, Lev 81
tortura 39, 144, 150, 154
totalidade 30, 40, 107, 118
trabalho 9, 12, 19, 158
  divisão do 30
  origem da culura como efeito
    na natureza do (Marx) 153,
    156
tradição 23, 101-2, 106, 119-20,
  124
tragédia 123, 142
transnacionais, corporações 116
tribalismo 125
Trilling, Lionel 175
Tylor, E. B., *Cultura Primitiva* 55

União Europeia 100-1
unidade 18, 31
  política 91, 102
  social 42, 64
universal/is
  e carência 140
  e individual 84-8, 93, 158
  e particular 107, 114
  e relativismo cultural 134-5

universalismo 66, 68-9
  da alta cultura 114
  capitalista 115
  falso 121
  "mau" 95
universalidade 82-4, 118
  e contingência 85-7
  e especificidade 83-4
  iluminista 92
*Usos da capacidade de ler e escrever,
  Os* (Hoggart) 175
utilidade 30, 37
utopia, boa e má 37
utopismo 32

valor 41, 61, 64
  como autovalidação 30
  cultura como valor universal
    115
  e fato 21, 26, 37, 43, 115,
    146, 148-9
  e necessidade 155
de troca 30, 32, 115, 148
  de uso e valor de troca 115
valores
  anticulturais 100
  e artefatos culturais 152
  das artes ligados à sociedade
    41
  civilizados 29, 182
  compartilhados 42, 60, 166
  conservadores 105
  culturais, seleção de 32, 149
  espirituais 106, 166
  familiares 97, 112
  liberais 97, 104
  morais 149-52

sem 49
universais 82
verdade 41
ligada à cultura 112
e posicionamento 118
vernáculo 113
vestígio 47, 153
vida
interior 142
social 34, 37
estetização da 154, 183
violência 152, 156
do Estado 67
Virgílio 81
virtude 70
visão sinóptica 116
vista, pontos de 115, 118
vitorianos 43
*Volk* 23, 68
voluntarismo 14, 131-2
vontade de poder (Nietzsche) 153
vulnerabilidade 156, 158

Westwood, Sallie 22, 56
Williams, Raymond 22, 50, 52-3, 116, 174, 180
*Cultura e Sociedade (1780-1950)* 34, 56, 175
história da palavra "cultura" 19, 22-3
*A longa revolução* 57, 100
*Palavras-Chave* 19, 34, 35
a respeito da cultura comum 168, 175
a respeito de Eliot 160
Wittgenstein, Ludwig 135, 138, 161
Wood, Ellen Meiksins 67, 113
Wordsworth, William 37, 136

Young, Robert J. C. 24, 26, 10

Žižek, Slavoj 139-40

SOBRE O LIVRO

*Formato*: 14 x 21 cm
*Mancha*: 23 x 45 paicas
*Tipologia*: Iowan Old Style 10/14
*Papel*: Offset 75 g/m² (miolo)
Cartão Supremo 250 g/m² (capa)
*2ª edição*: 2011
208 páginas

EQUIPE DE REALIZAÇÃO

*Coordenação Geral*
Sidnei Simonelli

*Produção Gráfica*
Anderson Nobara

*Edição de Texto*
Cezar Mortari (Revisão Técnica)
Tania Mano Maeta e Geisa Mathias de Oliveira (Revisão)

*Editoração Eletrônica*
Lourdes Guacira da Silva Simonelli (Supervisão)
Estela Mleetchol (Diagramação)

*Assitência Editorial*
Alberto Bononi

Impressão e acabamento: